단 한 권을 읽어도 제대로 남는
메모 독서법

신정철 지음

단 한 권을 읽어도
제대로 남는

메모
독서법

위즈덤하우스

기억에 오래 남는 독서!
효과를 만드는 독서!
삶을 성장시키는 독서!

"독서 노트는 책을 읽으면서 쓰나요? 책을 읽고 나서 쓰나요?"

"독서 노트를 쓸 때 시간이 너무 오래 걸립니다. 제가 잘하고 있는 건가요?"

"시, 소설과 같은 문학 책도 메모 독서를 할 수 있나요?"

2015년에 첫 번째 책《메모 습관의 힘》을 출간한 후 많은 분들이 제게 이런 질문을 하십니다.《메모 습관의 힘》에서 독자들이 가장 좋아하고 실천하고 싶어 한 내용이 '메모 독서'였는데, 전체 10개 장 중 한 장 분량으로밖에 다루지 않았기 때문이죠.

메모 독서를 실천하는 데 어려움을 겪은 독자들이 메신저와 이메

일을 통해 질문을 해주셨고, 저는 매번 성심성의껏 답변을 해드렸습니다. 반복적으로 받은 질문은 답변을 정리해 제 블로그 '마인드와칭'에 올리기도 했습니다. 그러던 와중에 제게 직접 연락할 방법을 알지 못하거나 블로그를 찾아볼 생각을 하지 못하는 분들이 많을 것이라는 생각이 들었습니다. 그런 분들을 도와드릴 수 있는 방법이 없어 참으로 안타까웠습니다.

강연이나 독서 모임에 가면 독자들의 목소리를 들을 수 있습니다. 그중 몇몇 분이 제게 이런 이야기를 해주시더군요.

《메모 습관의 힘》에 디지털 메모, 메모 독서, 글쓰기, 소셜미디어 메모 등 상당히 많은 내용을 압축하여 설명해놓으셨는데, 각각의 내용을 정리해서 한 권씩 출간해도 좋을 것 같습니다."

처음에는 그냥 기분 좋게 듣고 넘겼는데, 다른 분들에게 여러 차례 같은 말을 듣고 나니 진지하게 생각해보게 되었습니다.

'메모 독서법에 대해 자세히 다룬 책을 써보면 어떨까?'

그런 책이 완성된다면 메모 독서법을 물어보는 분들에게 충분한 답변을 드릴 수 있겠다는 생각이 들었습니다.

눈으로 하던 독서에서 쓰는 독서로

메모 독서는 효과를 만드는 독서법입니다. 기억에 남지 않는 독서, 삶에 아무런 영향을 주지 않는 독서에 실망한 독자들을 돕기 위한 독서법이죠.

저는 독서를 통해 더 나은 사람이 되고 싶었습니다. 재미를 위해 책을 읽는 것도 좋지만, 책에서 지식을 얻고 성장하고 싶은 바람이 있었죠. 독서를 통해 제 삶이 달라지길 원했습니다.

저는 아무리 바빠도 시간을 내어 책을 읽었습니다. 읽는 그 순간에는 지식이 늘어나는 것 같은 기분이 들었죠. 그런데 며칠만 지나도 책 내용이 잘 기억나지 않았습니다. 읽은 책의 권수는 늘어나도 머릿속에 남아 있는 것은 별로 없었어요. 아무리 책을 읽어도 삶에 변화가 없었습니다.

효과 없는 독서로 고민하고 있던 저를 구제해준 것이 바로 '메모 독서법'이었습니다. 눈으로만 하던 독서에서 메모 독서로 방법을 바꾸자 저의 독서 생활이 완전히 달라졌습니다.

- 메모하며 책을 읽으니 책의 내용이 '기억'에 더 오래 남았다.
- 책에 메모하고 독서 노트를 쓰며 '생각'하는 독서로 바뀌었다.
- 메모 독서로 수집된 생각을 연결하며 글을 쓰는 사람이 되었다.
- 책에서 배운 것을 글로 쓰며 실천하는 경우가 늘었다.
- 책을 읽고 실천하면서 삶에 조금씩 변화가 생겼다.

메모 독서는 책을 좀 더 잘 소화할 수 있도록 도와줍니다. 책의 내용을 활용해 창작물을 만들 수 있는 힘을 키워줍니다. 글이라고는 거의 써본 적 없던 제가 블로그에 글을 올려 300만 명의 방문자를 기록하고 책까지 출간할 수 있었던 것은 모두 메모 독서 때문입니다.

7년간의 메모 독서 결과를 담다

이 책은 제가 그랬듯 기억에 남지 않는 독서로 한 번쯤 고민했던 분들을 돕기 위한 것입니다. 2012년부터 지금까지 7년 동안 메모 독서를 하며 직접 실행해보고 효과를 본 방법을 담았습니다.

메모 독서가 저 같은 사람만 할 수 있는 것이면 안 되겠죠. 독서 모임 회원들과 함께 여러 차례 메모 독서를 실천해보았습니다. 개인의 노력에 따라 정도의 차이가 있었지만 참여하신 분들 모두 메모 독서를 통해 읽기의 새로운 세계를 경험하고, 독서 실력을 한 단계 업그레이드할 수 있었습니다. 메모 독서, 여러분도 할 수 있습니다.

- 책을 더 잘 이해할 수 있게 되었고, 더 잘 기억할 수 있게 되었고, 더 많이 생각할 수 있게 되었다.
- 책과 대화하는 느낌이 들었던 것이 가장 좋았고, 책을 통해 내가 얻고자 하는 것이 뭔지 알게 되어 기쁘다.
- 감동받은 문장을 적으니 기억에 더 오래 남는다.
- 좋은 문장을 쓰며 다시 한 번 음미하는 재미가 쏠쏠하다.

이 책을 집어든 여러분은 책을 더 잘 읽고 싶은 열망을 가지고 있을 것이라 생각합니다. 메모 독서를 하는 데에는 분명 시간과 노력이 필요합니다. 한순간이 아닌 오래 지속될 성과를 얻는 독서를 하기 위해서는 반드시 시간을 투자해야 합니다. 메모 독서에 투자하는 시간은 여러분의 독서 생활을 더욱 가치 있게 만들어줄 것입니다. 메모 독서는 책의 효과를 경험할 수 있는 가장 확실한 방법이니까요.

머릿속에 남는 것이 없어도 책 읽는 것에 의의를 두고 계속해서 같은 방법으로 독서를 할 것인가. 한 권을 읽어도 기억에 오래 남고 삶을 변화시키는 독서를 할 것인가.

기억에 오래 남는 독서! 효과를 만드는 독서! 삶을 성장시키는 독서! 독서의 신대륙으로 가는 여행을 떠나봅시다. 메모 독서법이 돕겠습니다.

차례

week 1 메모 독서를 시작하기 전에 준비물 챙기기

2장 | 독서에 메모를 더하다

week 2　책에 메모하기

3장 | 독서 노트로 독서력을 키운다

week 3　독서 노트 쓰기

4장 | 독서 마인드맵으로 생각을 확장하다

week 4 독서 마인드맵 만들기

5장 | 메모 독서의 완성, 글쓰기

week 5 메모 독서로 글쓰기

이 책에서는 메모 독서법을 5단계에 나눠 설명합니다. 그리고 메모 독서를 위한 준비 단계, 마무리를 위한 경험 리뷰까지 총 7개의 장으로 구성했습니다. 장의 마지막에는 과제가 있어 스스로 메모 독서법을 7주 동안 실습해볼 수 있습니다.

1장: 메모 독서 준비 단계
2장: 책에 메모하기
3장: 독서 노트 쓰기
4장: 독서 마인드맵 만들기
5장: 메모 독서로 글쓰기
6장: 메모 독서 습관 만들기
7장: 메모 독서 경험 리뷰

이 책을 안내서로 삼아 메모 독서 실천 7주 과정을 진행할 수 있습니다.

첫째 주에는 책을 처음부터 끝까지 정독합니다. 가능하면 일주일 안에 책을 다 읽기 바랍니다. 마음에 드는 문장에 밑줄을 치고, 여백에 메모를 하며 읽습니다. 첫째 주에는 1장 마지막에 있는 과제만 하고, 다음 장으로 넘어갑니다.

둘째 주에는 2장부터 다시 읽으며 메모 독서 실습을 합니다. 메모 독서 실습용 책을 한 권 선정해 읽으며 매주 과제를 실행하기 바랍니다. 한 주에 한 개의 장씩 과제를 수행하면 7주 후에 메모 독서 실천 과정이 완성됩니다. (이 책을 메모 독서 실습 대상 책으로 사용해도 좋습니다.)

메모 독서가 습관으로 자리 잡기 위해서는 꾸준히 실행하는 것이 중요합니다. 한 달에 한 권 이상은 독서 노트를 쓰며 읽어주세요. 메모 독서를 실천하는 도중에 막히는 부분이 있으면 이 책에서 관련된 부분을 찾아 다시 읽어보세요. 제가 소개한 방법에 구애받지 말고 여러분의 메모 독서법을 만들어나가길 바랍니다.

1장

메모 독서가
남는 독서다

얼마나 많이 읽느냐보다는 어떻게 읽느냐가 훨씬 중요하다.
더 잘 읽는다는 것은 더 천천히 읽는다는 것이다.

−《느리게 읽기》, 데이비드 미킥스

분명 읽었는데
기억이 나지 않는 책

그 사람 나를 보아도 나는 그 사람을 몰라요.

두근거리는 마음은 아파도 이젠 그대를 몰라요.

그대 나를 알아도 나는 기억을 못합니다.

목이 메어와 눈물이 흘러도 사랑이 지나가면.

―이문세 노래 〈사랑이 지나가면〉 가사 중

이문세의 노래 가사와는 상황이 조금 다르긴 하지만 길을 걷다 만난 누군가가 내게 반갑게 인사했는데, 누군지 잘 기억나지 않아 당황했던 경험이 한 번쯤 있을 것입니다. 그 사람은 나를 아는데, 나는 기억을 못합니다. 저는 사람을 잘 기억하지 못하는 편이라 이런 난처한 상황을 종종 겪습니다. 그런데 재미있는 사실은 자신의 방에서도 비슷한 경험을 한다는 것입니다. 예전에 읽었던 책들과 다시 만날 때죠. 책장에 꽂혀 있는 책들을 훑어보면 제목이 낯이 익고 분명 예전에 한 번 읽었던 것 같은데 어떤 내용인지 도통 기억이 나지 않는 책이 있습니다.

과거 저의 독서에는 문제가 있었습니다. 책을 읽고 나서 일주일만 지나도 내용이 기억나지 않았습니다. 아무리 좋은 책을 읽어도 금방 기억에서 사라지니 삶에 도움이 되지 않았죠. 책을 사기 위해서는 돈을 써야 하고, 책을 읽기 위해서는 시간을 써야 합니다. 돈과 시간을 투자해 책을 읽는데 남는 것이 별로 없으니 왜 책을 읽고 있는지 회의감이 들었습니다.

지금 이 책을 읽고 계신 여러분 중에도 저와 같은 고민을 하고 있는 분들이 있을 거라 생각합니다. 다행인 점은 기억에 남지 않는 독서로 고민하는 사람이 저희뿐만이 아니라는 것입니다. 독서 모임이나 강의에 참석한 분들에게 질문해보니 비슷한 고민을 하고 있는 동지가 많았습니다. 그리고 평범한 사람들만 그런 고통을 겪는 것도 아닙니다. 역사 속 위대한 인물들도 기억하지 못하는 독서의 문제에서 자유롭지 못했습니다.

책 읽는 사람의 비밀

14세기 이탈리아의 시인이자 인문주의자였던 페트라르카는 《나의 비밀》에서 자신의 책 읽기에 대한 고민을 털어놓습니다.

> 책을 읽을 때는 매우 유익하지만 책이 손을 떠나자마자 그 책에 대해 느
> 꼈던 모든 감정도 눈 녹듯 사라지고 마는 걸요.
>
> —《독서의 역사》, 알베르토 망겔, 세종서적

책에 대해 느꼈던 모든 감정이 눈 녹듯 사라진다니! 제가 느낀 안
타까움이 너무 잘 표현되어 있어 감탄했습니다.

또 철학자인 몽테뉴는《수상록》에서 자신을 건망증이 심한 독자
로 소개합니다.

> 나는 글을 좀 읽었다고는 하지만, 기억력은 아주 약한 사람이다.
>
> —《수상록》, 몽테뉴, 동서문화사

몽테뉴는 책에서 접한 내용과 책을 읽으며 떠올린 생각을 잊어버
리는 경우가 허다했습니다. 심지어는 어떤 책을 읽었는지, 읽지 않았
는지 그 자체를 기억하지 못하기도 했습니다.

페트라르카, 몽테뉴 그리고 저를 포함하여 책 읽는 사람의 공공연
한 비밀은 읽은 책을 기억하지 못한다는 것입니다. 우리는 책을 읽
는 도중에도 이미 앞서 읽은 것을 잊어버리기 시작합니다.

그런데 이런 문제가 있음에도 불구하고 페트라르카와 몽테뉴는

위대한 작가가 되어 후대에 이름을 남겼습니다.《수상록》에는 몽테뉴가 자신이 읽은 책에서 인용한 문장과 책에서 건져낸 생각이 가득합니다. 읽은 책의 내용을 활용하지 않고서는 이루어낼 수 없는 성취입니다.

그렇다면 페트라르카와 몽테뉴는 어떻게 기억하지 못하는 독서의 문제를 해결할 수 있었을까요?

달아나는 기억을
붙잡는 법

페트라르카는 책에 대한 기억이 눈 녹듯 사라지는 문제를 어떻게 해결했을까요? 페트라르카는 아우구스티누스와의 가상의 대화를 통해 본인이 사용한 독서법을 묘사합니다.

프란체스코: 책을 읽을 때는 매우 유익하지만 책이 손을 떠나자마자 그 책에 대해 느꼈던 모든 감정도 눈 녹듯 사라지고 마는 걸요.

아우구스티누스: 그런 식의 독서는 지금 매우 보편적이라네. 학식 있는 사람들도 상당수 있으니까. 하지만 자네가 적절한 여백에 약간의 메모를 간결하게 적어놓으면 아마 독서의 열매를 쉽게 즐길 수 있을 걸세.

프란체스코: 어떤 종류의 메모를 말씀하시는 겁니까?

아우구스티누스: 책을 읽다가 자네의 영혼을 뒤흔들거나 유쾌하게 만드는 경이로운 문장을 마주칠 때마다 자네의 지적 능력만을 믿지 말고 억지로라도 그것을 외우도록 노력해보게나. 그리고 그것에 대해 깊이 명상하며 친숙한 것으로 만들어보라고. 그러면 어쩌다 고통스런 일이 닥치더라도 자네는 고통을 치유할 문장이 마음속에 새겨진 것처럼 언제든지 준비되어 있음을 깨닫게 될 걸세. 자네에게 유익한 것 같은 어떤 문장이든 접하게 되면 분명히 표시해두게. 그렇게 하면 그 표시는 자네의 기억력에서 석회의 역할을 맡을 것이지만 그렇지 않을 경우에는 멀리 달아나고 말 걸세.

—《독서의 역사》, 알베르토 망겔, 세종서적

페트라르카는 유익할 것 같은 문장에 표시를 하고, 책의 여백에 메모를 해놓으면 독서의 열매를 쉽게 즐길 수 있을 것이라고 말합니다. 페트라르카는 기억나지 않는 독서의 문제를 해결하기 위해 메모 독서법을 고안해 실천하였습니다.

몽테뉴도 메모 독서법을 사용했습니다. 몽테뉴는 책에 밑줄을 긋고, 책의 여백에 자신의 생각을 메모하고, 마지막 페이지에 책을 다 읽은 날짜와 그 책에 대한 자신의 평을 적었습니다. 책의 말미에 적은 메모 덕분에 그는 시간이 지난 후에도 그 책을 읽을 당시 자신이 저자와 작품에 대해 가졌던 생각을 되찾을 수 있었습니다. 메모 독서법이 아니었다면 몽테뉴는《수상록》을 쓰지 못했을 것입니다.

책을 읽으며 생각을 수집하다

조선 시대의 학자들도 메모 독서법을 사용했습니다. 정민 교수가 쓴 《책벌레와 메모광》을 보면 다산 정약용과 성호 이익은 독서가이면서 동시에 메모광이었습니다. 다산 정약용은 책의 여백에 메모를 한 것뿐만 아니라, 책의 중요한 내용을 수집하기 위해 초서(抄書)를 사용했습니다. 초서란 책을 읽다가 중요한 구절이 나오면 발췌하여 옮겨 적는 것입니다. 책을 읽는 목적에 걸맞은 부분을 찾아 베껴 쓰면 공부에 큰 도움이 될 뿐만 아니라 자신의 책을 쓰는 데에도 훌륭한 자료가 되었습니다. 정약용이 초서를 중요하게 생각하여 그의 제자들은 저마다 독서 노트를 가지고 책을 읽었다고 하네요.

> 무릇 한 권의 책을 얻더라도 내 학문에 보탬이 될 만한 것은 채록하여 모으고 그렇지 않은 것은 눈길도 주지 말아야 한다. 이렇게 한다면 비록 100권의 책이라 해도 열흘 공부거리에 지나지 않는다.
> 〈다산이 두 아들에게 남긴 편지〉 중에서
>
> —《책벌레와 메모광》, 정민, 문학동네

정약용이 사용한 또 다른 메모 독서법은 '질서(疾書)'입니다. 질서는 '묘계질서(妙契疾書)'의 준말로, '묘계'는 오묘한 깨달음이란 뜻이고, '질서'는 빨리 적는 것을 말합니다. 책을 읽다가 번쩍하고 떠오른 생각과 깨달음이 달아나기 전에 재빨리 종이에 메모하는 것이 바로

'질서'입니다.

정약용은 '초서'를 통해 모아둔 자료와 '질서'를 통해 쌓인 생각의 재료를 가지고 글을 썼습니다. 정약용이 500여 권의 책을 남길 수 있었던 것은 메모 독서법 덕분이었습니다. 정약용은 가히 메모 독서법의 대가라 불릴 만합니다.

성호 이익도 메모 독서 애호가였습니다. 그 역시 묘계질서를 통해 책을 썼습니다.《맹자》를 읽다가 쓴 메모를 가지고《맹자질서》를 썼고, 뒤이어《대학질서》,《논어질서》,《소학질서》,《역경질서》,《시경질서》등을 써 '질서' 연작을 완성하였습니다. 책을 읽으면서 생각을 수집하는 메모 독서법을 통해 공부의 결과물을 만들어낸 것입니다.

초서와 질서 이외에도 책에 잘못된 부분이 있으면 빨간 먹글씨로 고쳐가며 읽는 '교서(校書)', 책을 읽고 난 뒤 감상과 평을 남기는 '평서(評書)', 책을 읽고 난 뒤 자신의 생각을 글로 쓰는 '저서(著書)' 등 선비들이 사용한 메모 독서법은 참으로 다양했습니다.

책에 메모하기, 책의 중요한 부분 옮겨 적기, 책을 읽으며 떠오른 생각을 메모하기, 독서 노트에 책에 대한 감상과 평 남기기, 책을 읽고 난 뒤 자신의 생각을 글로 쓰기……. 우리 선조들이 사용한 독서법을 합쳐보니 제가 활용하고 있는 메모 독서법과 크게 다르지 않아 놀라웠습니다.

메모 독서,
책과 관련하여 쓰는 모든 것

이 책은 메모 독서법과 실천에 대해 다루고 있습니다. 본격적인 이야기를 시작하기 전에 메모 독서의 정의부터 설명해보고자 합니다.

메모 독서는 메모를 하며 책을 읽는 방법입니다.

여기서 '메모'는 잊지 않기 위해 간략하게 적는 것만을 의미하는 것이 아닙니다. 넓은 의미로 책과 관련되어 무언가를 쓰는 행위 전체를 말합니다. 책의 여백에 간단히 메모하는 것뿐만 아니라, 독서 노트에 책의 문장을 옮겨 적고, 책을 읽은 다음에 서평을 쓰는 것까지 책과 관련되어 '쓰는' 활동 모두를 포함합니다.

책의 여백에 써도 되고, 독서 노트에 써도 되고, 독서 마인드맵에 써도 됩니다. 블로그나 페이스북 같은 SNS에 써도 되죠. 어디에 쓰는지는 중요하지 않습니다. 쓰면서 책의 내용을 음미하고, 생각하며 읽는다는 것이 중요합니다. 메모 독서는 책이 하는 말에 경청하고, 나 자신의 생각에 경청하는 겸손한 독서법입니다.

페트라르카, 몽테뉴, 정약용이 필요에 의해 자신만의 메모 독서법을 만들어 사용한 것처럼 메모 독서법은 사람마다 다르고, 정해진 규칙이 있는 것이 아닙니다. 제가 이 책에서 알려드리는 방법 역시 유일무이한 메모 독서법이 아닙니다. 다만, 제가 다년간 활용하며 그 효과를 충분히 검증했고, 다른 분들에게 알려드렸을 때에도 효과가 좋았기에 저의 메모 독서법을 자신 있게 소개합니다.

메모 독서법 5단계

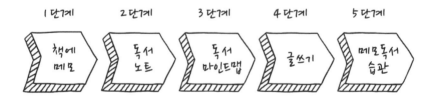

1단계: 책에 메모하기

- 밑줄을 친다.
- 색을 달리하여 중요도를 분류한다.
- 책의 여백에 질문하고, 답을 찾는다.

2단계: 독서 노트 쓰기

- 중요한 문장, 기억하고 싶은 문장을 필사한다.
- 떠오르는 생각과 질문을 적는다.
- 독서 노트를 다시 읽는다.

3단계: 독서 마인드맵 작성하기

- 키워드를 뽑는다.
- 범주화를 통해 계층형 목록을 만든다.
- 색상이나 기호로 강조 표시한다.

4단계: 메모 독서로 글쓰기

- 질문을 찾는다.
- 핵심 문장을 쓴다.
- 글의 설계도를 그린다.

5단계: 메모 독서 습관 만들기

- 규칙적으로 읽는 습관을 들인다.
- 독서 모임에 참여한다.
- 완벽하게 쓰려고 하지 않는다.

읽는 독서에서
쓰는 독서로

저는 2012년 12월부터 본격적으로 메모 독서를 시작했습니다. 그 전에도 책에 밑줄을 치고 여백에 메모를 하며 읽기는 했지만 독서 노트를 별도로 준비해 책의 문장을 옮겨 적고, 생각을 메모하며 읽은 것은 이때가 처음이었습니다.

밑줄 쳤던 부분을 다시 읽으며 그중 기록할 만한 가치가 있다고 생각되는 문장을 독서 노트에 옮겨 적었습니다. 그 문장에 관련해서 떠오른 생각이 있으면 그것도 독서 노트에 적었죠. 처음에는 책의 문장을 발췌하여 옮겨 적는 것 위주로 독서 노트를 썼는데, 차츰 생각이나 질문을 쓰는 경우가 늘어났습니다. 저자가 쓴 내용에 대한 제 해석을 적었고, 저자의 주장에 대한 반론을 적었습니다. 책의 내용을

《행복의 기원》 독서 노트

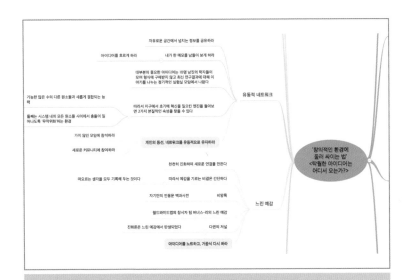

전체 구조를 한눈에 보여주는 독서 마인드맵의 일부(자세한 보기는 뒷면 부록 참조)

제 삶에 적용하려면 어떻게 해야 할지 질문을 적기도 했습니다.

책을 읽고 정리하는 방법으로 독서 노트만 활용한 것이 아닙니다. 정보량이 많거나 내용의 구조가 중요한 책인 경우에는 독서 마인드맵으로 정리했습니다. 독서 마인드맵을 만들면 정보의 연결 관계를 파악하기 쉽고, 전체 구조를 한눈에 볼 수 있다는 장점이 있습니다.

메모 독서를 시작하기 전에는 책을 손에 잡으면 빨리 끝까지 보려는 생각뿐이었습니다. 소설을 읽으면 결말을 빨리 확인하고 싶어 묘사가 긴 부분을 건너뛰며 읽기도 했죠. 실용서를 볼 때는 관심이 가는 부분만 자세히 읽었습니다. 수박 겉핥기로 눈으로만 대충 책을 훑는 독서를 했습니다. 그러다 보니 읽은 책의 권수는 늘어나도 남는 것이 하나도 없었습니다.

그런데 메모 독서를 하면서부터 놀라운 일이 생겼습니다. 메모 독서를 한 책의 내용을 가지고 글을 쓰기 시작한 것이죠. 독서 노트와 독서 마인드맵에 정리한 책 내용과 생각의 메모 속에서 글의 소재가 나왔습니다. 메모 독서를 통해 쓴 글은 독자들의 반응이 좋았습니다. 메모 독서를 하면 그냥 읽을 때보다 훨씬 깊이 있는 독서를 하게 되고, 책의 내용을 더욱 잘 소화하게 됩니다. 그것을 글쓰기에 활용하니 글의 내용이 더욱 좋아진 것이죠. 독자들에게 유익한 글을 쓸 수 있게 되니 블로그에 쓴 글이 포털 사이트의 추천글로 실리기도 하고, SNS에 널리 공유되는 일도 생겼습니다.

2014년 9월 블로그에 올린 '왜 적어야 하나. 2년간 노트를 쓰며 내게 일어난 변화'라는 글이 포털 사이트 Daum의 메인 화면에 소개되면서 블로그에 14만 명이 방문한 사건이 발생했습니다. 그다음 달에 쓴 '회사 생활이 편해지는 업무 노트 습관'이라는 글도 Daum의 메인 화면에 소개되어 블로그 방문자가 30만 명이 넘었습니다. 이두 글은 페이스북에서도 '좋아요'가 3만 개 이상 찍히며 널리 공유되었습니다.

이런 일이 있고 일주일 후에 한 출판사로부터 메모에 대한 책을 써보지 않겠느냐는 제안을 받았고, 그렇게 해서 탄생한 책이 《메모 습관의 힘》입니다. 독서 노트를 2년 동안 꾸준히 쓴 습관이 없었다면 이런 기회도 생기지 않았겠죠. 메모 독서를 통해 저는 '쓰지 않던 사람'에서 '쓰는 사람'으로 다시 태어났습니다.

과거의 저는 책을 그저 소비했습니다. 저에게 책이란 가끔 필요에 의해 만나지만 금방 잊어버리고 마는 일시적 만남에 불과했습니다. 그러다 보니 제 인생에 별다른 흔적을 남기지 못했죠. 메모 독서를 하면서 저는 비로소 책을 통해 배울 수 있는 사람이 되었습니다. 독서 노트에 꾹꾹 눌러서 쓴 문장들이 제 마음속에 새겨져 삶의 방향을 조금씩 틀었습니다. 책을 읽고 삶에서 실천하는 경우가 늘면서 독서가 제 삶에 끼치는 영향력이 점점 커졌습니다.

메모 독서를 하면 시간이 많이 걸려 책을 더 적게 읽을 것 같지만 실제로는 그렇지 않습니다. 메모 독서를 통해 깊이 읽기의 맛을 보게 되면 독서가 더 재미있어지기 때문입니다. 언제 어디를 가도 책과

삶을 변화시키는 'ReBirth' 노트들

독서 노트를 가지고 다니는 사람이 됩니다. 잠깐 시간이 날 때 책을 펼치고 마음에 드는 문장을 천천히 옮겨 적으면 잡생각이 사라지고 마음이 평온해집니다. 책 한 권과 독서 노트만 있으면 그곳이 나만의 휴식처인 케렌시아(querencia)가 됩니다. 독서 노트 쓰기가 일상에 행복을 가져다주는 취미가 되었습니다.

제 독서 노트 표지에는 'ReBirth'라고 적혀 있습니다. 메모 독서를 하면서 저는 계속해서 새로운 사람으로 다시 태어납니다.

효과 없는 독서에서
생산적인 독서로

　　　　　　　　　사람들이 책을 읽지 않는 이유는 다
양합니다. 책값이 비싸서 책을 사지 않는다는 사람도 있고, 일하느라
너무 바빠 책 읽을 시간을 내기 어렵다는 사람도 있습니다. 그런데
그런 사람들도 맛있는 음식을 먹기 위해서는 돈을 쓰고 시간을 냅니
다. 맛있는 음식은 우리를 행복하게 만들어주는 효과가 있으니까요.
그렇다면 책을 읽지 않는 이유는 책의 효과를 느끼지 못했기 때문이
아닐까요? 책을 읽어봤자 삶에 아무 도움이 안 된다고 생각해서가
아닐까요? 독서의 효과를 체험하지 못했기 때문에 책을 읽으려는 동
기가 생기지 않은 것이죠.

　　그렇다면 왜 독서 효과를 체험하지 못하는 것일까요?

1. 기억하지 못한다

눈으로만 읽는 독서의 문제는 기억이 오래 가지 않는다는 것입니다. 책을 읽고 나서 1~2주만 지나도 머릿속에서 지워지죠. 한 번 읽는 것만으로는 장기 기억에 저장할 수 없기 때문입니다.

2. 생각하지 않는다

책을 읽기만 하고 생각하지 않는 사람은 책에서 효과를 얻을 수 없습니다. 저자의 말을 듣고, 그 의미를 생각하고, 내 삶에 어떻게 적용할 수 있을지 끊임없이 질문해야 합니다. 질문을 만들고 그것에 대한 해답을 찾는 과정이 반드시 필요합니다.

3. 글을 쓰지 않는다

머릿속으로 생각하는 것만으로는 부족합니다. 좋은 생각이 떠올랐다 해도 글로 쓰지 않으면 자기 것이 되지 않습니다. 생각을 구체화하고 명확하게 만들기 위해서는 반드시 글로 써야 합니다.

4. 행동하지 않는다

책을 읽고 삶에 도움이 되는 깨달음을 얻어도 거기에서 그치는 경우가 많습니다. 책에서 효과를 얻으려면 그 생각을 행동으로 옮겨야 합니다. 실천이 따르지 않는 깨달음은 아무런 소용이 없습니다.

5. 무언가를 만들지 않는다

책의 효과를 제대로 느끼려면 책의 내용을 가지고 무언가를 만들어봐야 합니다. 새로운 기획을 할 때, 글쓰기 소재를 찾을 때 책의 내용을 써먹어봐야 합니다. 책을 열심히 읽는다 해도 결과물을 만드는 데 활용하지 않으면 책의 효과를 체험할 수 없습니다.

'효과 없는 독서'를 만드는 다섯 가지 원인은 다음과 같이 메모 독서를 통해 해결할 수 있습니다.

1. 오래 기억한다

메모 독서를 하며 책에 밑줄을 치고, 독서 노트에 옮겨 적고, 독서 마인드맵으로 정리하면서 자연스럽게 반복 학습이 됩니다. 메모 독서는 '기억에 오래 남는 독서'를 할 수 있게 도와줍니다.

2. 생각하는 독서를 한다

메모 독서는 책에 있는 문장만 옮겨 적는 것이 아닙니다. 책을 읽으며 떠오른 생각과 질문을 독서 노트에 적으면서 '생각하는 독서'를 할 수 있게 만들어줍니다.

3. 글을 쓰게 된다

메모 독서는 글쓰기로 이어집니다. 독서 노트에 모은 생각의 재료를 연결해 글을 쓰면서 생각의 빈틈이 채워지고, 하나의 주제가 내 안에 자리 잡는 경험을 하게 해줍니다.

4. 행동을 이끈다

메모 독서는 실천을 돕습니다. 책에서 찾은 실천 아이템을 독서 노트에 적어보세요. 목표와 계획을 손으로 적어보면 행동으로 옮길 가능성이 커집니다.

5. 창조적인 일을 한다

메모 독서를 꾸준히 하면 독서 노트에 책 속 정보와 내 생각이 쌓입니다. 축적된 생각의 재료가 충돌하고 반응하며 아이디어가 만들어지고, 이는 무언가를 만드는 창조적인 작업에 활용할 수 있습니다.

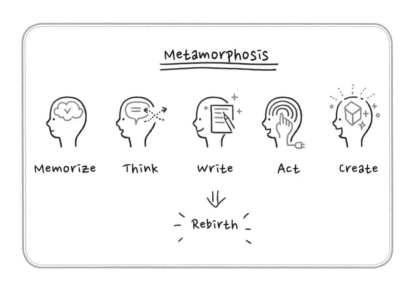

'효과 없는 독서'는 이제 그만!

메모 독서는 '효과를 만드는 독서법'입니다.

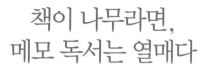

책이 나무라면,
메모 독서는 열매다

자기계발서에 비판적인 사람들은
이렇게 말합니다.

"자기계발서는 효과가 없다. 자기계발서에 나오는 성공 스토리는
저자의 특수한 환경과 운이 작용해서 이룬 성과이기 때문에 일반 독
자가 책의 내용을 따라 해도 비슷한 결과가 나올 수 없다."

저도 이런 지적에 공감했던 사람이라《메모 습관의 힘》을 출간한
뒤 염려가 되었습니다.

'책에서 소개한 메모 방법이 독자들에게도 효과가 있을까?'

'메모 독서법을 일반 사람들이 따라 할 수 있을까?'

이런 저의 걱정은 인터넷 검색 덕에 해결이 되었습니다. 책이 출간

된 후 인터넷에 책을 검색해보니 《메모 습관의 힘》을 읽고 쓴 리뷰가 3,000개가 넘게 있었습니다. 제 책을 읽고 쓴 독서 노트 사진을 올려 주신 분도 많았습니다. 책을 읽고 메모 독서법을 실천하고 블로그에 글까지 써주신 분들 덕분에 저는 메모 독서법이 누구나 따라 할 수 있고 효과를 볼 수 있는 방법이라는 것을 확신하게 되었습니다.

메모 독서법에 관해 이메일로 질문을 하신 분들도 있었습니다. 그 중에서 독서 노트 작성법에 대해 여러 차례 질문을 하신 분이 있었 는데, 나중에 그분에게 다음과 같이 감사 이메일이 왔습니다.

며칠 전에 면접을 보았던 회사에서 최종 합격했다는 소식을 듣게 되었 습니다. 저는 생각해보았습니다. 스펙도, 역량도 부족한 제가 최종 합격 을 한 이유가 무엇일까. 제가 적임자여서가 아니라 면접관님들이 가능 성을 보고 주신 기회라는 생각이 듭니다. 운이 컸던 것이죠. 그런데 단지 이것만이 전부가 아닌 것 같습니다. 제게 기회가 주어진 것은 그동안 스 스로를 많이 돌아본 것, 독서를 통해 사유를 확장시킨 것, 메모 독서를 통 해 인식의 힘을 기른 것 때문이 아닐까 싶습니다. 《메모 습관의 힘》을 읽 고 무작정 메모 독서를 시작한 지도 어언 1년 반이 넘었습니다. 노트 번 호는 15번에 이르렀고, 그만큼 저도 많이 성장했습니다. 이러한 성장이 있었기에 제가 무엇을 알고, 무엇을 모르는지 파악할 수 있게 되었고, 그 만큼 겸손하게 발전을 위해 노력할 수 있었다고 생각합니다. 《메모 습관 의 힘》을 통해 메모 독서 습관을 공유해주셔서 감사합니다. 앞으로도 겸손하게 꾸준히 성장하는 사람이 되도록 하겠습니다.

1년 반 동안 꾸준히 실천한 메모 독서를 통해 생각을 확장하고, 인식의 힘을 키운 것이 취업에 도움이 되었다는 내용이었습니다. 메모 독서가 저뿐만이 아니라 다른 분들의 삶을 바꾸는 데에도 도움이 되었다니 제가 더 감사했습니다.

이렇게 인터넷과 이메일로 메모 독서의 효과를 체험한 분들의 이야기를 들을 수 있었지만, 메모 독서를 실천하고 효과를 보는 분들을 직접 만나고 싶다는 바람이 있었습니다. 그래서 제가 참여하는 독서 모임에서 메모 독서법을 실습하는 과정을 만들었습니다. 6주 동안 함께 책을 읽고, 독서 노트를 쓰면서 메모 독서를 실천했죠.

독서 노트를 쓰면서 책을 좀 더 생각하며 읽게 된 것 같다. 전에 읽었던 책을 꺼내 독서 노트에 적으며 다시 읽어보았는데 확실히 이전과는 다른 느낌이 들었다. 책에 내 생각이 더해지게 되었다. 이제는 행동으로 옮길 수 있도록 노력해야겠다는 생각이 든다.

−강은정 님

《팀장이라면 어떻게 일해야 하는가》를 읽고 메모 독서, 독서 마인드맵 작성을 하면서 메모가 가진 힘의 증거를 발견하게 되었다. 메모 독서한 내용을 실행으로 옮기자 팀원들로부터 "역시 팀장은 다르구나"라는 말을 듣게 되었다. 메모 독서를 통해 다가올 날들이 기대되고 설렌다.

─박지혜 님

메모 독서 실천반 모임이 끝나고 나서 몇 달 뒤에 설문 조사를 해보니 참가자 중 절반 이상이 주 1회 정도 메모 독서를 실천하고 있었습니다. 10명 중 2명은 메모 독서의 재미에 푹 빠져 거의 매일 독서 노트를 작성하고 있었죠.

다음은 메모 독서의 재미에 푹 빠진 독서 모임 회원 정석헌 님의 후기 글입니다.

책이 나무라면 메모는 꽃이다. 책의 영양분을 모두 흡수해서 나만의 꽃을 피울 수 있게 하는 것이 메모다. 책이 재료라면 메모는 소스다. 여러 가지 재료에 나만의 소스를 얹으면 나만의 새로운 요리가 된다. 새로운 요리가 바로 나의 생각이다.

메모 독서 실천반 6주간의 경험은 책을 제대로 읽고 이해할 수 있게 해주었고, 메모 독서를 통해 생각이란 것을 하게 해주었고, 그 생각을 글로 써볼 수 있게 해주었다. 생각이 바뀌니 행동이 달라졌다. 더 적극적으로 메모 독서를 하게 되었다. 처음에는 힘들었지만, 지금은 놀이가 되었다. 재미있는 놀이! 재미있으니 계속하게 된다. 재미있으니 시간을 내게 된다. 재미있으니 즐기게 된다.

꾸준함은 나에게 어울리지 않는 단어였다. 하지만 지금은 나에게 가장 잘 어울리는 단어라 생각한다. 바로 메모 독서 때문이다. 살면서 일 외에 3개월 이상 무언가 지속했던 게 딱 두 가지다. 하나는 사진이고 나머지 하나는 메모 독서다. 2018년 5월 26일 이후 지금껏 해오고 있다. 메모 노트는 10권이 완성되었다. 10권의 메모 노트는 깨달음의 선물을 안겨주었다. 그 깨달음을 통해 나는 변화했다. 앞으로도 계속 변화하고 성장할 것이다. 메모 독서가 바로 그 시작점이다. 나에게 메모 독서는 운명처럼 다가왔다.

당신도 할 수 있습니다. 당신에게도 이런 변화가 일어날 수 있습니다. 지금 당장 메모 독서를 시작하기만 하면 됩니다.

메모 독서를 시작하기 전에 준비물 챙기기

메모 독서를 시작하기에 앞서 준비물을 마련해봅시다.

1. 메모 독서를 하며 읽을 책 한 권

과거에 읽었던 책 중 다시 읽고 싶은 책을 골라도 되고, 새 책을 골라도 됩니다.
메모 독서를 처음 할 때는 어렵고 두꺼운 책보다는 재미있어 보이는 책을 선택
하는 것이 좋습니다. 마땅한 책이 없다면 지금 읽고 계신 이 책으로 진행해도 좋
습니다.

2. 독서 노트

어떤 종류의 노트라도 상관없습니다. 노트 크기는 일반적인 책의 크기와 비슷한
A5 사이즈가 적당하지만, 다른 사이즈도 괜찮습니다. 종종 노트북, 휴대폰으로
독서 노트를 대체하고자 하는 분들도 있는데, 처음에는 종이 노트에 써볼 것을
추천합니다. 아날로그 방식으로 독서 노트를 쓰며 감을 잡은 뒤 그 다음에 디지
털 방식을 시도해 자신에게 더 적합한 것으로 결정하면 됩니다.

3. 필기구

형광펜, 색연필, 다색 볼펜, 연필 등 어떤 필기구라도 좋습니다. 평소에 쓰지 않던

새로운 필기구를 사용해보는 것도 좋습니다.

4. 포스트잇 플래그

포스트잇 플래그를 중요 부분에 붙여두면 책을 덮은 상태에서도 보이기 때문에

바로 찾아 확인할 수 있습니다. 플래그 위에 글씨를 쓸 수 있는 제품도 있습니다.

키워드를 적어두면 책에서 필요한 내용을 빠르게 찾을 수 있습니다.

2장

독서에
메모를 더하다

단 하나의 밑줄이라도 그을 수 있다면
책값을 충분히 회수하고도 남는 성과를 올릴 수 있다.

–《그들은 책 어디에 밑줄을 긋는가》, 도이 에이지

깨끗하게 보면
깨끗하게 잊어버린다

　　　　　　　　　　　　　세상에는 두 종류의 독자가 있습니다. 책을 깨끗하게 보는 독자와 밑줄을 치며 읽는 독자. 첫 번째 부류의 독자는 책에 아무런 흔적을 남기지 않습니다. 밑줄을 전혀 긋지 않고 책의 여백에 뭔가를 쓰는 일도 없습니다. 다 읽은 책도 새 책 같죠. 두 번째 부류의 독자가 본 책은 지저분합니다. 책 곳곳에 볼펜이나 형광펜으로 밑줄이 쳐져 있고, 여백에 메모가 적혀 있기도 합니다.

　재미있는 점은 이 두 종류의 독자가 서로를 이해하지 못한다는 것입니다. 밑줄을 치며 읽는 사람들은 책을 깨끗하게 보는 사람들을 이상하게 생각합니다. 밑줄 하나 긋지 않고 읽는 것도 독서냐며 의아해하죠. 그런데 책을 깨끗하게 보는 사람들은 밑줄을 마구 그으며 책을 험하게 보는 사람들을 이해하지 못합니다. 책을 정말 소중히 생각하고 아끼는 마음이 있으면 자기들처럼 책을 깨끗하게 봐야 하는 것 아니냐고 주장하죠.

책에 밑줄을 긋지 않는 데에는 다른 이유도 있습니다. 밑줄을 쳐두면 다시 읽을 때 밑줄 친 문장들이 먼저 눈에 들어와 다른 부분을 놓칠 수 있다는 거예요. 두 번째 읽을 때에도 처음 읽을 때와 같은 느낌으로 읽고 싶어 밑줄을 치지 않는다는 분들도 있습니다.

그런데 요즘은 다른 이유 때문에 책을 깨끗하게 보는 사람이 늘었습니다. 대형 중고 서점들 때문이죠. 과거에도 중고 책을 사주는 헌책방이 있었지만 일부러 멀리 찾아가야 했고, 값을 잘 받기도 어려웠죠. 그런데 온라인 대형 서점들이 접근성이 좋은 도시 중심가에 중고 서점 매장을 크게 내면서 상황이 달라졌어요. 중고 책을 팔기가 편해졌습니다. 그 덕분에 책을 다 읽고 나서 중고 서점에 파는 사람이 늘었어요. SNS를 하다 보면 중고 책을 팔고 나서 받은 영수증 사진이 종종 보입니다. 책 판 돈으로 무엇을 했다는 자랑의 말도 함께 있죠. 그러면 그 밑에는 나도 다음에는 책 깨끗하게 봐서 중고로 팔아야겠다는 댓글이 달립니다. 다 읽은 책을 중고 서점에 팔아 돈을 벌 수 있다니 이 얼마나 좋은가요.

이렇게 책을 깨끗하게 보는 분들에게는 저마다의 이유가 있습니다. 밑줄을 치며 읽으면 아끼는 책이 지저분한 헌책이 되어버리죠. 밑줄을 쳐놓으면 다시 읽을 때 그 문장이 먼저 눈에 들어와 처음 읽는 것처럼 읽기 힘든 것도 사실입니다. 다 읽고 나서 더 이상 필요 없어진 책이어도 중고 서점에 팔 수 없기도 하고요. 하지만 이런 단점들이 있음에도 불구하고, 저는 책은 밑줄을 치며 읽어야 한다고 생각합니다. 책은 깨끗하게 보면 안 됩니다.

책을 깨끗하게 보면 깨끗하게 잊힙니다.

책을 깨끗하게 보면 기억에서 빠르게 사라집니다. 책만 깨끗한 상태로 남는 것이 아니라 책을 읽고 난 후 내 머릿속도 깨끗하게 남게 됩니다.

책 한 권이 세상에 나오기 위해서는 상당히 긴 시간이 필요합니다. 책에 따라 다르겠지만 원고를 쓰는 데 보통 몇 년의 시간이 걸립니다. 어떤 책은 집필을 하는 데만 10년 이상의 시간이 걸리기도 하죠. 집필 기간이 1년 미만 걸린 책들도 있지만, 책에 저자의 경험과 통찰을 담기 위해서는 다년간의 긴 시간이 소요됩니다.

책 한 권에는 수천 일의 시간이 압축되어 있다고 볼 수 있습니다. 그런데 우리가 책을 읽는 데에는 그리 오랜 시간이 걸리지 않습니다. 책의 종류와 읽는 속도에 따라 다르겠지만 보통 하루 1시간씩 열흘 정도면 책 한 권을 읽을 수 있습니다. 책 한 권을 읽기 위해 10시간 정도만 투자하면 저자가 책을 쓰기 위해 쓴 수천 일의 시간을 얻을 수 있는 것이죠. 시간의 투자이익률을 계산하면 1,000배가 넘을 것입니다. 이것이 바로 책이 가져다주는 시간의 레버리지 효과입니다. 책이 주는 시간의 레버리지 효과가 있기 때문에 책을 많이 읽는 사람은 그렇지 않은 사람보다 인생에서 훨씬 더 많은 시간을 갖게 됩니다.

그런데 책을 깨끗하게 보는 사람들은 책이 가져다주는 이 시간의 레버리지 효과를 누리기 어렵습니다. 책을 눈으로만 읽으면 책에 밑줄을 치고 메모를 하며 읽을 때보다 기억에 남는 것이 적기 때문입니다. 시간의 레버리지 효과는커녕 책을 읽기 위해 썼던 시간마저 날리게 됩니다. 책에 밑줄을 치고 여백에 메모를 하면 중고 서점에 팔수 없습니다. 하지만 메모 독서를 하면 책의 내용을 더 잘 이해하고, 더 오랫동안 기억할 수 있습니다. 기억에 남는 만큼 그 내용을 활용할 수 있죠. 메모 독서를 하는 독자는 돈보다 중요한 시간을 더욱 쉽게 벌 수 있습니다.

메모 독서는 시간을 레버리지 하는 가장 좋은 방법입니다.

밑줄 치기로
중요도를 분류한다

　　　　　　밑줄 치기는 책 속 정보를 선별하는
중요한 작업입니다. 책 내용 중에서 중요한 것과 그렇지 않은 것, 나
에게 필요한 것과 그렇지 않은 것을 분류할 수 있습니다. 한 권의 책
에 담긴 수많은 문장 중에서 나에게 필요한 문장을 골라내기 위해
필요한 것이 바로 밑줄 치기입니다

　학문은 사실을 분류하는 것에서부터 시작한다고 하죠. 분류되지
않은 정보는 가치가 없습니다. 밑줄 치기는 책 속 정보들이 어떤 가
치를 가지는지 중요도를 분류하는 작업이고, 이 과정을 통해 책은
가치를 지니게 됩니다. 끝까지 다 읽었는데 밑줄이 하나도 쳐 있지
않은 책은 나에게 가치가 없는 것이죠. 밑줄이 많이 쳐 있는 책은 그

만큼 가치 있는 존재가 됩니다.

밑줄 치기는 나 자신의 정체성과 성장을 확인하는 과정이기도 합니다. 다시 읽기를 할 때 밑줄을 쳐둔 문장을 보며 과거의 나와 만날 수 있습니다. 과거의 내가 공감했던 문장들을 살펴보면서 내가 어떤 사람인지 다시 확인하는 것이죠.《리리딩(원제: On Rereading)》에서 퍼트리샤 마이어 스팩스는 다시 읽은 책들이 주는 안정성을 통해 견고한 자아상을 구축할 수 있다고 말합니다. 이러한 다시 읽기의 효과는 밑줄을 그어둔 책을 읽을 때 더 잘 일어납니다.

저는 책을 다시 읽을 때 처음 읽을 때 사용했던 것과 다른 색의 형광펜으로 밑줄을 칩니다. 그렇게 하면 두 번째 읽을 때 새롭게 밑줄 친 문장을 통해 나의 관심사가 어떻게 변했는지도 파악할 수 있습니다. 책을 두 차례 읽는 동안 내가 어떻게 성장했는지 발견하게 됩니다.

밑줄 치기는 책 내용을 활용해 글을 쓸 때에도 꼭 필요합니다. 책을 읽은 뒤 서평을 쓴다고 가정해보죠. 책을 읽으며 밑줄을 하나도 쳐놓지 않았다면 서평을 쓸 때 참조할 내용을 찾느라 애를 먹을 것입니다. 반면 중요한 문장, 인상 깊었던 문장에 밑줄을 꼼꼼하게 쳐놓았다면 서평을 쓸 때 큰 도움이 됩니다. 책의 핵심 내용을 파악하고, 인용할 문장을 찾는 일이 훨씬 쉬울 테니까요. 밑줄 치기를 잘해두면 책의 핵심 내용을 빠르게 파악할 수 있습니다.

최근 우리나라에서도 독서 모임이 늘어나고 있습니다. 밑줄 치기는 독서 모임에서 발제를 하고 토론을 할 때에도 큰 힘을 발휘합니다. 밑줄 친 문장 중에서 잘 선별해 옮겨놓기만 하면 되니까요. 책을 읽으면서 인상 깊었던 문장에 밑줄을 치고, 그 문장들을 공유하는 것만으로도 훌륭한 독서 모임이 됩니다.

밑줄 치기를 싫어하는 분들에게도 이유가 있습니다. 두 번째 읽을 때 밑줄 친 문장이 눈에 들어오면 선입견을 갖게 되거나 다른 부분에 관심을 덜 주게 되어 새로운 보물을 발견하기 어렵다는 것입니다. 두 번째 읽을 때 처음 읽는 것 같은 느낌을 갖기 위해 밑줄을 치지 않는 분들도 있습니다. 밑줄 치기는 다시 읽기의 경험을 제한하는 측면이 분명 존재합니다. 하지만 이런 단점보다 밑줄 치기가 가져다주는 장점이 더 큽니다.

메모 독서, 밑줄 치기부터 시작해봅시다.

질문하고, 밑줄 치고, 답을 찾기

책 속의 많은 문장 중에서 어떤 문장에 밑줄을 쳐야 할까요? 앞서 밑줄 치기는 책 속 정보를 선별하는 작업이라고 말씀드렸습니다. 선별 작업을 제대로 하기 위해서는 기준이 있어야 합니다. 그 기준은 바로 '질문'에서 나옵니다. 모티머 J. 애들러는 《독서의 기술》에서 읽는 행위에는 언제, 어떠한 행위에나 어느 정도의 적극성이 있다고 말합니다. 적극성이 높은 독서일수록 좋은 독서라고 말합니다. 적극적인 독서의 핵심은 질문입니다. 책을 읽으면서 질문을 해야 합니다.

그렇다면 가장 먼저 해야 하는 질문은 무엇일까요? 저자가 전달하고 싶은 핵심 주장이 무엇인지 찾는 것이 가장 중요합니다. 그것이 바로 저자가 책을 쓴 이유니까요. 책을 읽다가 이 질문에 대한 답을 주는 문장을 찾으면 밑줄을 그어야 합니다.

또 어떤 질문을 해야 할까요? 핵심 주장에 대한 근거는 무엇인지 질문해야 합니다. 저자가 주장에 어떤 근거를 제시하고 있는지 확인해야 합니다. 그리고 내용들이 과연 사실인지, 저자가 말하는 내용이 진실한지도 질문해야 합니다.

- 저자는 왜 이 책을 썼는가.
- 저자가 전하고 싶은 핵심 주장은 무엇인가.
- 핵심 주장에 대한 근거는 무엇인가.
- 저자가 말하는 내용은 진실한가.
- 저자의 이야기 속에 숨겨진 의도는 무엇인가.
- 저자가 말하는 내용은 어떤 가치가 있는가.

위의 질문에 답을 줄 수 있는 문장을 찾으면 밑줄을 쳐야 합니다. 밑줄 치기는 저자가 전하고 싶은 내용을 더 잘 이해하기 위해 던진 질문의 답을 찾는 과정입니다.

이때 저자가 전달하려는 내용에 관계된 문장에 밑줄을 치는 것만으로는 부족합니다. 책을 읽는 목적 중에는 현재 내가 가진 문제를 해결하는 것도 있으니까요. 저자가 중요하다고 강조하지 않은 것들 중에서도 나에게 도움이 되는 내용은 없는지 질문해야 합니다.

- 내가 가진 문제를 해결해줄 수 있는 내용은 무엇인가.
- 나의 관심사와 관련된 내용이 있는가.
- 새롭게 얻은 지식이 있는가.
- 내 생각과 다르거나 나를 불편하게 만드는 내용이 있는가.
- 내 삶을 변화시키는 데 도움이 되는 내용이 있는가.

이러한 질문에 대한 답을 가진 문장을 발견하면 밑줄을 쳐야 합니다. 문제의 해답이 아닌 약간의 힌트를 주는 문장이어도 좋습니다. 이런 문장에 밑줄을 쳐두면 그 책이 바로 여러분의 인생 책이 됩니다.

내 생각과 다르거나 나를 불편하게 만드는 문장에도 주목해야 합니다. 생각의 차이가 어디에서 오는지 이해하고, 나를 불편하게 만드는 원인이 무엇인지 깨달을 때 우리는 성장합니다.

지금까지 저자가 말하고자 하는 핵심이 담긴 문장, 나와 관련된 문장에 밑줄을 치라고 말씀드렸습니다. 이밖에도 저는 그 자체로 멋진 문장을 발견하면 밑줄을 칩니다. '어떻게 이런 표현을 했을까' 감탄이 나오게 하는 문장, 나중에 인용하고 싶은 문장을 발견하면 꼭 밑줄을 쳐두세요. 독서 노트에 옮겨 적어 모아두면 글쓰기에 활용할 수 있습니다.

한눈에 파악하는
단계별 밑줄 치기

여러분은 밑줄을 칠 때 어떤 필기구를 사용하나요? 저는 형광펜을 사랑합니다. 형광펜으로만 밑줄을 긋습니다. 형광펜이 없으면 아예 책을 보지 못할 정도입니다. 그래서 저는 제가 주로 거주하는 공간에 반드시 형광펜을 둡니다. 집과 사무실에 형광펜을 박스째 두고, 가방에도 항상 넣어 가지고 다닙니다. 그런데 제 아내는 책에 형광펜으로 밑줄을 치는 것을 아주 싫어합니다. 아내는 검정색 볼펜이나 색연필로만 밑줄을 긋거든요. 제가 형광펜으로 밑줄을 긋는 것을 싫어해 자기 책은 절대 못 보게 합니다.

저와 아내의 경우처럼 밑줄 치기도 사람마다 방식이 다르더군요. 어떤 사람은 연필을 주로 사용하고, 어떤 사람은 볼펜을 사용합니다.

다양한 색상으로 줄을 긋는 사람도 있고, 단색을 고집하는 사람도 있죠. 밑줄 치기에도 사람마다 개성이 있습니다. 밑줄을 칠 때 꼭 파란색 볼펜을 사용할 필요도, 형광펜을 사용할 필요도 없습니다. 정해진 규칙은 없습니다. 어떤 필기구를 사용할지는 각자의 선호를 따르면 됩니다.

그런데 어떤 필기구를 쓰든 한 가지로만 밑줄을 치는 것은 좋지 않습니다. 밑줄 치기의 목적은 책 속 정보를 선별하는 것인데, 밑줄 친 문장이 많을 경우, 그중에서 어떤 것이 더 중요한 문장인지 알 수 없으니까요. 처음 읽을 때부터 진짜 중요한 문장만 딱 선별해서 밑줄을 그으면 좋겠지만, 실제로 그렇게 하기는 어렵습니다. 그래서 저는 일단 어느 정도 중요하다고 판단이 되는 문장에 밑줄을 긋고, 다시 보면서 더 중요한 문장을 찾아 표시하는 방식을 사용합니다. 문장의 중요도에 따라 몇 단계로 구분해서 밑줄을 치는 것이죠.

제가 사용하는 방식은 다음과 같습니다. 처음 읽을 때 괜찮은 문장을 발견하면 형광펜으로 밑줄을 칩니다. 그리고 밑줄 친 문장들을 다시 보면서 중요도가 더 높은 문장을 찾아 빨간색 볼펜으로 밑줄을 칩니다. 그리고 나중에 참고할 만한 정말 중요한 문장을 발견하면 문장 옆의 여백에 체크 표시를 해줍니다. '1단계: 형광펜→2단계: 빨간색 볼펜→3단계: 기호 표시'로 문장의 중요도를 구분해서 표시하고 있죠.

밑줄 색상에 따라 의미를 부여할 수도 있습니다. 저는 중요한 문장에는 노란색 형광펜을 칠하고, 이해가 잘 되지 않는 문장에는 파란색 형광펜을 칠합니다. 이렇게 색상을 다르게 해서 밑줄을 쳐두면 나중에 모르는 부분만 따로 찾아서 볼 때 편리합니다. 처음 읽을 때는 모르는 용어나 개념이 나와도 파란색 형광펜으로 표시만 해둡니다. 일단 통독을 한 다음 두 번째 읽을 때 파란색으로 표시한 부분만 찾아 사전을 찾아가며 모르는 용어를 확인한 뒤 다시 읽습니다.

주장에 대한 근거나 정보가 나열식으로 등장할 때는 문장 앞에 번호를 써주는 것이 좋습니다. 지금 읽고 있는 부분이 몇 번째 내용인지를 쉽게 파악할 수 있고, 나중에 자료로 정리할 때도 몇 개의 항목으로 정리하면 될지 알 수 있어 편리합니다.

《유혹하는 글쓰기》 밑줄 치기

좋은 책은 다시 읽을 때 더 좋다고 하죠. 두 번째 읽을 때는 첫 번째 읽을 때와는 다른 색으로 밑줄을 쳐보세요. 처음 읽을 때 밑줄 쳤던 문장과 두 번째 읽을 때 쳤던 문장을 구분할 수 있으면 그동안의 변화와 성장을 확인할 수 있습니다. '예전에 읽었을 때는 이런 문장이 마음에 들었구나', '이 문장은 처음 읽었을 때는 눈에 들어오지 않았는데, 두 번째 읽을 때는 밑줄을 치게 되네' 하고 말이죠.

문장에 밑줄을 치는 것 외에도 책의 중요한 부분을 표시하는 방식이 또 있습니다. 인덱스 탭이나 플래그를 사용하는 것이죠. 인덱스 탭이나 플래그를 중요 부분에 붙여두면 책을 덮은 상태에서도 밖에서 보이기 때문에 중요 부분을 바로 펼쳐 확인할 수 있습니다. 인덱스 탭과 플래그 중에는 글씨를 쓸 수 있는 제품도 있습니다. 키워드를 적어두면 책에서 필요한 내용을 빠르게 찾을 수 있습니다. 플래

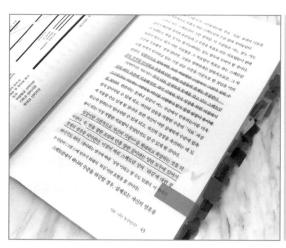

인덱스 탭, 플래그로
표시하기

그가 잔뜩 붙어 있는 책을 보면 나에게 필요한 정보를 가득 담고 있는 것 같아 더 소중하게 느껴집니다.

지금까지 소개한 방법은 문장의 중요도를 구분하는 하나의 예시입니다. 제가 소개한 방법을 그대로 따라 할 필요는 없습니다. 여러분만의 밑줄 치기 방법, 기호 표시 방법을 만들어 일관성 있게 사용해보기 바랍니다. 밑줄 치기는 책 읽기의 기본입니다. 기본이 달라지면 책 읽기가 달라집니다.

밑줄 치기의 기술

- 문장의 중요도에 따라 몇 단계로 구분하여 밑줄 치기

  ex) 1단계: 형광펜, 2단계: 빨간색 볼펜, 3단계: 기호 표시

- 목적에 따라 다른 색상 사용하기

  ex) 노란색: 중요한 문장, 파란색: 이해가 되지 않는 문장

- 밑줄 친 문장 앞에 번호 매기기

- 밑줄을 치고 난 뒤 핵심 키워드를 주변에 메모하기

- 두 번째 읽을 때는 다른 색상으로 밑줄 치기

- 나중에 참조하고 싶은 부분에 플래그를 붙여 책을 펼치지 않아도 눈에 띄게 하기

- 나만의 밑줄 치기 방법 만들기

생각의 힘이 커지는
메모 독서

　　　　　　　　　책을 읽는 것은 저자가 말하는 것을
듣는 것입니다. 그런데 저자의 말을 듣다 보면 이런저런 생각이 떠오
릅니다. '아, 정말 그렇구나' 하고 맞장구를 치고 싶은 마음이 들 때
도 있고, '그건 아니죠. 내 생각은 이렇습니다' 하고 반론의 말이 떠
오를 때도 있습니다. 전에 읽었던 다른 책의 내용이 떠오를 때도 있
고, 책 속의 내용이 자극이 되어 현재 해결하고 싶은 문제에 대한 실
마리가 문득 떠오를 때도 있습니다. 이렇게 책을 읽으며 떠오르는 생
각은 책을 더 잘 이해하게 도와주고, 새로운 비즈니스의 아이디어가
되기도 하며, 한 사람의 인생을 바꾸는 계기가 되기도 합니다.
　이렇게 독서는 책 자체의 내용을 전달해주는 것뿐만이 아니라 '생

각을 만드는 힘'을 가지고 있습니다. 책 읽기를 통해 삶을 변화시켰던 이들은 모두 책을 읽으며 얻은 생각을 잘 활용한 사람들이었습니다. 그런데 책이 선사하는 이 혜택은 누구나 누릴 수 있는 것이 아닙니다. 머릿속에 떠오른 생각은 금방 휘발되어 사라지기 때문입니다. 떠오른 생각이 사라지기 전에 제때 잡아두는 사람만이 그 혜택을 누릴 수 있습니다. 어떻게 해야 책을 읽으며 떠오르는 생각을 잡아둘 수 있을까요?

정답은 바로 메모입니다.

책이라는 자극에 대한 나의 반응과 떠오르는 생각을 수집하기 위해서는 메모를 해야 합니다. 책을 읽는 도중에 생각이 떠오르면 바로 책의 여백에 메모해야 합니다. 메모로 생각을 붙잡아두어야 활용할 수 있습니다.

그렇다면 책의 여백에 어떤 것을 메모해야 할까요?

1. 생각

책을 읽고 나서의 감상, 문장에 대한 해석, 저자와 다른 견해, 내 삶에 적용해보기 위한 아이디어 등 책을 읽는 동안 떠오르는 모든 생각이 메모의 대상입니다. 눈으로만 읽는 독서는 저자의 말을 일방적으로 듣는 수동적인 독서입니다. 책에 생각을 메모하면서 읽는 독서는 저자와 대화를 나누는 능동적인 독서입니다.

2. 질문

책의 내용에 의문이 생기면 해당 문장 근처 여백에 질문을 적으세요. 이렇게 메모한 질문에 대한 답을 찾는 것이 책을 깊이 있게 읽는 방법입니다. '저자의 주장이 옳은가', '주장에 대한 근거는 타당한가', '책의 내용을 내 삶에 적용하려면 어떻게 해야 할까' 등 질문이 떠오르면 머릿속으로만 생각하지 말고 바로 메모하세요. 질문을 잘 메모해두어야 나중에 잊지 않고 답을 찾을 수 있습니다.

읽으면서 생기는 질문들을 바로바로 적는다

3. 키워드

　책의 여백에 그 페이지의 핵심 키워드를 적어두면 중요한 부분에 대한 강조도 되고, 나중에 책을 다시 볼 때 원하는 내용을 쉽게 찾을 수 있습니다. 책 앞부분의 빈 페이지에 책의 키워드를 메모하고, 해당 페이지 번호를 적는 방법도 있습니다. 해당 책이 어떤 내용인지 쉽게 파악할 수 있고, 해당 페이지로 가서 내용을 찾을 수 있습니다.

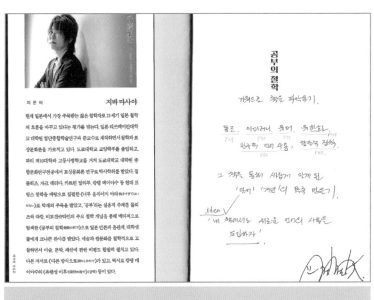

책의 앞면에 키워드를 적어둔다

4. 요약

　책을 읽다 보면 앞서 읽은 장의 내용이 무엇이었는지 기억이 잘 나지 않을 때가 있습니다. 그런 상황에 대비하여 한 장을 읽고 나서 다음 장으로 넘어가기 전에 그 장의 핵심 내용을 간략하게 요약해서 여백에 적어두는 것이 좋습니다. 책의 내용을 요약해두면 읽은 내용이 기억에도 오래 남고, 서평이나 다른 글쓰기를 할 때도 유용하게 사용할 수 있습니다.

한 장의 끝부분이 아니더라도 중간에 내용이 복잡하고 이해하기 어려운 지점이 있으면 정독한 후 그 내용을 요약해 내가 만든 문장으로 적어두세요. 책을 다시 볼 때 큰 도움이 될 것입니다.

5. 도표

내용에 따라서 텍스트로 요약하는 것보다 도표를 그리는 것이 좋을 때가 있습니다. 책의 내용을 그래프나 그림으로 만들어 여백에 그려보세요. 이미지는 텍스트보다 눈에 잘 띄고, 내용을 쉽게 이해할 수 있도록 도와줍니다.

6. 할 일

책을 읽는 도중에 할 일이 떠오를 때가 있습니다. 관련된 다른 책을 더 읽어봐야겠다든지, 저자의 주장에 대한 반론을 위해 조사를 해봐야겠다든지 등 할 일이 떠오르면 여백에 메모하세요. 이렇게 적은 '할 일 메모'가 글쓰기나 다른 연구로 이어질 수도 있습니다.

독서로 삶을 변화시키기 위해서는 책을 읽는 데서 그치지 않고 실천해야 합니다. 책에서 읽은 것 중에 따라 해보고 싶은 것이 있거나

책의 내용에서 힌트를 얻어 새롭게 시도해보고 싶은 일이 떠오르면
여백에 메모하세요. 할 일을 메모해야 실천할 수 있습니다.

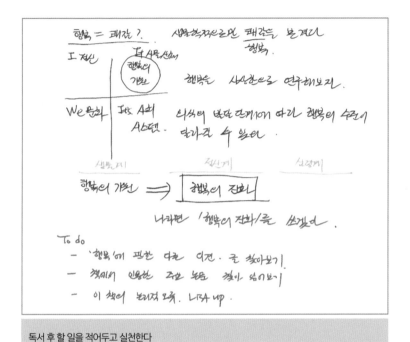

독서 후 할 일을 적어두고 실천한다

기록하지 않는 독서는
희미한 기억으로 남을 뿐

진화론의 창시자인 찰스 다윈은 지
독한 메모광이었습니다. 다윈은 비글호를 타고 5년 동안 항해를 하
며 관찰하고 발견한 것들을 끊임없이 수첩에 기록했습니다. 비글호
항해를 마치고 영국에 돌아온 이후에도 자신이 기록한 내용을 끊임
없이 읽으며 새로운 암시를 찾아냈습니다. 예전에 기록한 내용을 읽
다 보면 새로운 생각이 또 떠올랐고, 그 과정에서 얻은 새로운 사실
들을 다시 기록하며 연구했습니다. 그가 갈라파고스 제도를 탐사
하면서 만난 각종 동식물에 대해 기록을 남기지 않았다면《종의 기
원》은 출간되지 못했을 것입니다.

연암 박지원은 건륭제의 70세 생일을 축하하는 사절단의 일원으로 청나라를 방문했습니다. 본래 목적지는 연경(오늘날의 베이징)이었으나 건륭제가 피서를 위해 연경을 떠나 열하에 머무르고 있었기 때문에 사절단은 결국 열하까지 갑니다.

《열하일기》 중 압록강을 건너는 부분을 기록한 〈도강록〉을 보면 박지원은 말안장 위에 양쪽으로 늘어지는 쌍 주머니를 걸치고 왼쪽에는 벼루를, 오른쪽에는 거울과 먹, 두 자루의 붓, 작은 크기의 공책 네 권을 넣어 가지고 다녔다고 합니다. 항상 메모할 준비가 되어 있었기 때문에 박지원은 여행 도중 보고 들은 것을 놓치지 않고 메모할 수 있었고, 이러한 기록 덕분에 《열하일기》는 현장감이 뛰어나고 유익한 정보가 가득 담긴 최고의 여행기가 되었습니다.

다윈과 박지원이 새로운 세계를 탐험하면서 기록하지 않았다면 어떻게 되었을까요? 자신이 경험한 것을 정리하고 소화하지 못했을 뿐 아니라 《종의 기원》과 《열하일기》 같은 책을 써서 다른 이들에게 새로운 세상을 보여줄 수도 없었겠죠.

책을 읽는다는 것은 이전에 가보지 못한 새로운 세계를 여행하는 것과 같습니다. 새로운 세계와 만날 때 기록이 필요하듯, 책을 읽을 때도 기록을 해야 합니다. 책이라는 새로운 세계를 여행하며 보고 들은 것, 새롭게 발견한 것, 여행 도중의 감상을 메모하며 읽어야 합니다. 기록하지 않은 여행은 그저 아련한 추억으로만 남을 뿐입니다.

밑줄 친 문장, 여백에 남긴 메모, 정성껏 쓴 독서 노트가 새로운 세계와의 만남을 잊지 않게 만들어줍니다. 책 속에서의 여행을 글로 옮기면 다른 이들에게도 새로운 세상을 보여줄 수 있습니다. 책을 읽으며 기록하는 것은 나와 다른 사람 모두를 위한 일입니다.

책이라는 새로운 세계와 만나는 모든 이들에게 묻고 싶습니다.

새로운 세계를 탐험하면서
왜 기록을 남기지 않습니까?

책에 메모하기

책에 내가 다녀간 흔적을 남겨봅시다.

1. 밑줄 치기

- 각 장의 중요 문장(3~5개): 저자가 말하고 싶은 바를 전달하는 하나의 핵심 문장 찾기(기호 표시)

- 나와 관련된 문장

- 멋진 문장, 인용하고 싶은 문장

- 잘 이해가 되지 않는 문장

- 거부감이 들지만 왠지 신경 쓰이는 문장

2. 여백에 메모하기

- 책을 읽으며 떠오른 생각과 질문

- 책의 내용을 짧게 요약해서 적기

- 키워드, 도표, 기호 표시

- 책을 읽고 실천하고 싶은 활동

- 각 장 마지막에 그 장의 내용을 한 문장으로 요약해 적기

3. 포스트잇 플래그 붙이기

- 중요한 문장이 있는 페이지, 나중에 활용하고 싶은 내용이 있는 페이지에 포
  스트잇 플래그를 붙여 표시하기

3장

독서 노트로
독서력을 키운다

사색하는 능력을 통해서 인간은 지속적인 것과
소통할 수 있는 능력을 획득한다.

－《시간의 향기》, 한병철

메모 독서의 꽃,
독서 노트

메모 독서 1단계인 책에 메모하기에 익숙해졌나요? 책에 밑줄 친 문장이 가득해졌다면 이제 다음 단계로 넘어가봅시다. 메모 독서의 핵심 단계, 메모 독서의 꽃이라 할 수 있는 독서 노트와 만나볼 시간입니다.

독서 노트란 무엇일까요? 영어권에서는 독서 노트를 'Book Journal'이라 부릅니다. journal이란 단어는 특정 주제나 전문 분야를 다루는 신문, 잡지, 학술지를 이르는 말이면서 동시에 일기장이라는 뜻을 가지고 있습니다. 'Book Journal'을 직역하면 책 일기장이죠. 일기장에 하루 동안 경험한 것 중 중요한 사건, 그것에 대한 생각과 감정을 쓰듯 책 일기장인 독서 노트에는 책을 읽으며 경험한 것들을 쓰면 됩니다. 책에서 만난 인상 깊은 문장, 새롭게 알게 된 사실, 책을 읽으며 떠오른 생각과 감상 등을 기록합니다.

그렇다면 왜 독서 노트를 써야 할까요? 강의를 들을 때 교재에 간단히 메모하긴 하지만 제대로 공부하기 위해서는 별도의 공부 노트에 강의 내용을 필기하고, 핵심 내용을 정리하잖아요? 이와 마찬가지로 책을 제대로 소화하고 책에서 더 많은 것을 얻기 위해서는 반드시 독서 노트를 써야 합니다. 학교 다닐 때 공부를 잘하는 친구의 노트를 복사해서 본다고 공부 실력이 늘지 않듯 남들이 잘 정리해 놓은 책 요약본이나 서평을 읽기만 해서는 독서력이 늘지 않습니다. 독서력을 키우기 위해서는 책을 읽고 직접 독서 노트를 써야 합니다. 독서 노트를 꾸준히 쓰면 어느 순간 훌륭한 독자로 변해 있을 것입니다.

독서 노트,
어디에 쓸 것인가

독서 노트 쓰기를 시작하기 전에 결정해야 할 것이 있습니다. 종이 노트에 손으로 쓸 것인가, 컴퓨터를 사용하여 디지털 문서로 쓸 것인가가 바로 그것이죠.

독서 노트를 반드시 종이 노트에 써야 하는 것은 아닙니다. 컴퓨터 워드 문서에 쓸 수도 있고, 에버노트 같은 디지털 메모 애플리케이션(이하 '앱')에 기록할 수도 있습니다. 블로그를 활용할 수도 있죠. 종이 노트에 손글씨로 쓰는 아날로그 방식을 택하느냐, 컴퓨터를 사용하는 디지털 방식을 택하느냐는 여러분의 선택입니다. 손으로 직접 쓰는 것이 좋은 분들은 종이 노트에 쓰면 되고, 키보드 입력이 편한 분들은 디지털 문서로 작성하면 됩니다.

아날로그 방식: 종이 노트에 쓰기

종이 노트를 사용할 때의 장점은 가방에 노트와 필기구만 있으면 언제, 어디서나 독서 노트를 자유롭게 쓸 수 있다는 것입니다. 손으로 직접 쓰니 도표나 그림도 자유롭게 그릴 수 있죠. 저처럼 문구를 좋아하는 분이라면 다양한 필기구와 노트를 쓸 수 있다는 장점도 있습니다. 내 손글씨로 가득 채워진 노트가 한 권, 두 권 늘어나면 아주 큰 성취감도 느낄 수 있습니다. 책을 읽으며 쓴 시간이 만질 수 있는 물리적인 실체로 남으니까요. 그동안 써온 독서 노트를 바라보면 아주 뿌듯하답니다.

그렇다면 단점은 없을까요? 디지털이 아니다 보니 내용을 검색하는 것이 어렵고, 독서 노트를 분실할 경우, 소중한 기록을 한순간에 잃어버릴 위험이 있습니다. 그런데 이런 문제를 해결할 수 있는 방법이 있습니다. 책에서 필요한 부분을 찾을 때 차례나 색인을 이용하듯 독서 노트에도 차례나 색인을 만들어 노트 첫 장이나 마지막 장에 붙여두면 필요한 내용을 쉽게 찾을 수 있습니다. 또한 독서 노트를 스캔하여 디지털 문서로 저장하면 분실의 위험에 대비할 수 있죠. 평판 스캐너 또는 스마트폰의 스캔 앱을 이용하면 독서 노트를 스캔하여 PDF 문서나 이미지 파일로 저장할 수 있습니다. 독서 노트를 스캔한 파일을 에버노트에 저장하면, 에버노트가 필기체 인식을 지원하기 때문에 손글씨로 쓴 독서 노트에서도 디지털 검색이 가능합니다.

디지털 방식: 워드 문서, 블로그에 기록하기

독서 노트를 컴퓨터로 쓸 경우에는 어떤 장단점이 있을까요? 디지털 세대는 손글씨를 쓰는 것보다 키보드 입력이 빠르고 편할 것입니다. 디지털 문서이니 검색을 통해 필요한 내용을 빠르게 찾을 수 있다는 것도 장점이죠. 다만, 컴퓨터를 이용할 경우에는 도표나 그림을 자유롭게 그리기 어렵습니다. 독서 노트를 쓰고자 할 때 컴퓨터가 항상 옆에 있어야 한다는 제약 조건도 있죠. 그런데 이런 문제를 해결할 수 있는 방법이 있습니다. 도표나 그림을 자유롭게 그리기 위해서는 전자펜을 사용할 수 있는 노트북이나 패드를 구비하면 되고, 컴퓨터를 가지고 다니기 힘들면 스마트폰에 휴대용 키보드를 연결해 사용하면 됩니다.

아날로그 방식과 디지털 방식, 두 가지 방식 중 어느 쪽을 택할지 성급하게 결정할 필요는 없습니다. 하지만 손글씨를 잘 쓰지 못할 것 같다고 컴퓨터로 독서 노트를 써야겠다고 바로 결정하지 마세요. 종이 노트를 사용하는 것이 처음에는 힘들지 몰라도 시간이 지나 익숙해지면 더 좋을 수도 있으니까요. 그리고 두 가지 방식을 조합한 하이브리드 방식을 활용할 수도 있습니다. 종이 노트에 먼저 쓴 다음, 그 내용을 편집해 블로그에 옮기는 것이죠. 두 가지 방식을 모두 시도해보고, 자신에게 더 적합한 방법으로 쓰길 추천합니다.

아날로그·디지털 독서 노트의 장단점 비교

	아날로그 방식	디지털 방식
매체	• 종이 노트 • 수첩 • A4 종이	• 워드 문서 • 소셜미디어(블로그, 페이스북 등) • 디지털 메모 앱(에버노트, 원노트 등)
장점	• 노트와 필기구만 있으면 언제 어디서나 가능함 • 도표나 그림을 자유롭게 그릴 수 있음 • 다양한 필기구와 노트를 써보는 즐거움이 있음 • 독서 노트가 만질 수 있는 물리적인 실체로 남아 성취감이 큼	• 손필기보다 키보드 입력의 속도가 빠름 • 필요한 내용을 빠르게 검색할 수 있음 • 필기구, 노트 구입을 할 필요가 없어 소모품 비용이 들지 않음 • 과거에 쓴 독서 노트도 언제나 접근 가능함
단점	• 필요한 내용을 검색하기 어려움 • 독서 노트 휴대와 보관 시 분실의 위험이 있으며, 소중한 기록을 한순간에 잃을 수 있음 • 노트 구입에 정기적으로 비용이 지출됨	• 도표나 그림을 빠르게 그리기 어려움 • 컴퓨터가 필요하고 이동 중에 쓰려면 노트북을 휴대해야 함
단점 보완	• 독서 노트에 차례, 색인 만들기 • 독서 노트를 스캔하여 PDF 또는 이미지 파일로 저장, 클라우드 서비스에 백업하기	• 전자펜을 쓸 수 있는 노트북이나 패드 사용하기 • 스마트폰이나 패드에 휴대용 키보드를 연결하여 독서 노트 쓰기

독서 노트에 쓰면
좋은 일곱 가지

독서 노트는 어떻게 써야 할까요?
독서 노트에 적는 항목들을 살펴보겠습니다.

1. 독서 노트를 쓴 날짜, 책 제목, 저자

독서 노트를 쓴 날짜와 책 제목, 저자를 적습니다. 번역서인 경우에는 원제목도 같이 적는 것이 좋습니다. 국내 출판사에서 새롭게 지은 제목보다 원제목이 책의 내용을 더 잘 설명해주는 경우가 많으니 함께 기억해두는 것이 좋죠. 날짜는 빼먹지 말고 꼭 적어야 합니다. 독서 노트에서 필요한 내용을 찾을 때나 독서 노트 내용과 내 삶을 연결 지어 회고할 때 독서 노트를 쓴 날짜가 반드시 필요합니다.

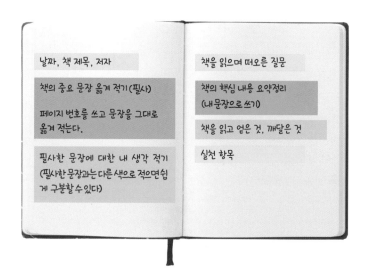

날짜, 책 제목, 저자

책의 중요 문장 옮겨 적기 (필사)

페이지 번호를 쓰고 문장을 그대로
옮겨 적는다.

필사한 문장에 대한 내 생각 적기
(필사한 문장과는 다른 색으로 적으면 쉽
게 구분할 수 있다)

책을 읽으며 떠오른 질문

책의 핵심 내용 요약정리
(내 문장으로 쓰기)

책을 읽고 얻은 것, 깨달은 것

실천 항목

2. 중요 문장(필사)

중요한 문장은 필사하는 것이 좋습니다. 그렇다면 어떤 문장이 중
요한 문장일까요? 저자가 말하는 핵심 내용을 담은 문장, 나와 관계
있는 문장, 책을 읽으며 가져야 하는 질문에 답을 주는 문장이 독서
노트에 옮겨 적어야 할 중요한 문장입니다. 표현이 멋지거나 인용할
만한 문장도 독서 노트에 옮겨 적어야 합니다.

책을 읽으며 중요한 문장들에 밑줄을 잘 쳐두었다면 이 단계가
쉬워집니다. 밑줄 친 문장 중에서 다시 한 번 선별 작업을 거친 뒤 옮
겨 적기만 하면 되니까요. 밑줄 친 문장을 다 옮겨 적으려고 하지 말
고, 그중에서도 더 중요한 문장을 골라 노트에 옮겨 적으세요.

독서 노트에 쓸 문장 선별 방법

- 핵심 문장을 찾는다.

  −저자가 말하고 싶은 핵심 내용을 담은 문장과 근거

- 나와 관계 있는 문장을 적는다.

  −나의 고민, 문제와 관련된 내용, 나를 발견하게 하는 문장

- 표현이 멋진 문장을 적는다.

  −처음 보는 참신한 표현, 표현이 아름다운 문장

- 외우고 싶거나 인용하고 싶은 문장을 적는다.

- 질문에 대한 답을 가진 문장을 적는다.

핵심 내용만 골라서 쓰자.

일정 시간을 정해놓고 하자.

문장을 옮겨 적을 때는 그 문장이 있는 페이지 번호도 꼭 적어야 합니다. 나중에 다른 곳에 인용할 때나 전후 문장을 다시 확인해야 할 때 필요하니까요. 그리고 한 글자도 틀리지 않게 책에 있는 문장을 그대로 옮겨 적어야 합니다. 일부만 적거나 요약해서 적으면 나중에 인용할 때 책을 다시 찾아봐야 하는 불편이 생깁니다.

3. 필사한 문장에 대한 내 생각

독서 노트에 책 속 문장을 필사한 후에는 그 문장을 읽으며 떠오른 생각을 적습니다. 그 문장을 내가 어떻게 이해하고 해석했는지 내 생각을 적어보세요. 문장의 내용을 내 삶에 적용하면 어떻게 될지 생각해보고 노트에 적어보세요. 책을 읽으며 떠오른 생각을 독서 노트에 적는 이 과정이 독서 수준을 완전히 바꿔줍니다. 저자의 말을 듣기만 하는 수동적인 독서에서 스스로 생각하는 능동적인 독서로 바뀌게 되죠. 생각을 적을 때는 책의 문장을 필사한 색과 다른 색의 펜을 사용하는 것이 좋습니다. 필사한 문장과 내 생각이 구별되어 나중에 독서 노트를 살펴볼 때 훨씬 편리합니다.

4. 책을 읽으며 떠오른 질문

책을 읽으며 떠오른 질문도 독서 노트에 적으세요. 질문이 떠올랐을 때 그냥 머릿속으로만 간직하지 않고 독서 노트에 옮겨 적는 것이 중요합니다. 적어두지 않으면 금세 기억에서 사라집니다. 질문을 독서 노트에 적어놓으면 그 순간 바로 해답이 떠오르지 않더라도 기억에 오래 남습니다. 기억에서 사라지더라도 나중에 독서 노트를 다시 펼쳤을 때 다시금 그 질문에 대해 생각해볼 수 있게 되죠. 그러다 보면 문득 그 질문에 대한 답이 떠오르는 순간이 생깁니다.

5. 책의 핵심 내용 요약정리

책 내용 중에 기억해둘 만한 중요한 내용이 있다면 독서 노트에 요약정리를 해두어야 합니다. 요약정리를 잘해두면 나중에 책 내용이 기억나지 않을 때 독서 노트에 정리된 내용을 보고 금방 기억을 되살릴 수 있습니다.

6. 책을 읽고 깨달은 것, 얻은 것

책을 읽고 새롭게 깨달은 것이나 얻은 것을 생각해보고 독서 노트에 적습니다. 책이 여러분의 생각과 경험을 어떻게 변화시켰는지 적어보세요. 책을 통해 얻은 것을 떠올려보고, 독서 노트에 적는 과정을 통해 그 책의 가치를 확인하고, 책이 가져다준 변화를 인식하게 됩니다.

7. 실천 항목

책을 읽고 내 삶에 적용하면 좋을 항목을 생각해보고, 실천 계획을 적습니다. 자기계발서라면 그 책에서 알려준 내용 중에 따라 해보고 싶은 항목을 적으면 되겠죠. 자기계발서가 아니어도 상관없습니다. 어떤 책에서든 삶에 적용할 포인트를 발견할 수 있으니까요. 무라카미 하루키의 《직업으로서의 소설가》는 수필일까요, 아니면 자기계발서일까요? 이 책을 읽은 뒤 매일 달리기를 해야겠다고 실천 항목을 쓸 수도 있을 것입니다.

지금까지 독서 노트에 기재해야 할 일곱 가지 항목을 알려드렸습니다. 독서 노트를 이렇게 써야 하는 것이라면 너무 어렵겠다고요? 네, 맞습니다. 이 항목들을 모두 넣어 독서 노트를 쓰려면 힘이 들 수도 있습니다. 독서 노트에 이 항목들을 모두 채울 필요는 없습니다. 책 정보(읽은 날짜, 책 제목, 저자)와 중요 문장 필사, 두 가지만 해도 좋습니다. 필사를 하다 떠오른 생각이 있으면 적고, 떠오른 것이 없다면 적지 않아도 됩니다. 필사한 문장에 모두 생각을 달 필요는 없습니다. 나머지 항목들도 마찬가지입니다. 자연스럽게 그 내용이 떠오르거나 필요하다는 생각이 들면 적으면 되는 거예요. 모든 항목을 채워야 한다는 의무감을 가질 필요는 없습니다.

독서 노트를 쓰는 규칙이 있는 것은 아닙니다. 앞서 말씀드린 것은 하나의 방법일 뿐, 반드시 따라야 할 규칙이 절대 아닙니다. 일단 따라 해보시고, 자신에게 맞는 방법을 만들어나가길 바랍니다.

독서 노트에
필사를 해야 하는 이유

　　　　　　　앞서 '독서 노트 쓰는 법'에서 책 속의 중요한 문장을 그대로 옮겨 적으라고 말씀드렸습니다. 책의 문장을 선별적으로 필사하는 것이죠. 독서 노트에 필사를 하다 보면 생각보다 시간이 오래 걸리고 힘든 일이라는 것을 알게 됩니다. 그리고 이런 의문이 생깁니다.

　'책의 문장을 독서 노트에 왜 똑같이 옮겨 적어야 하지? 간단히 요점만 적으면 안 되나?'

　'책 속 문장을 요약해서 적거나 그 문장에 대한 해석만 적으면 안 되나?'

　독서 노트에 책 속 문장을 필사하는 데에는 이유가 있습니다.

원래의 문장과 내 생각이 구분된다

독서 노트에 책 속 문장을 그대로 적지 않고 내가 이해한 내용만 적어두면 어떤 문제가 생길까요? 저자가 전달하고자 하는 것을 제대로 이해하지 못해 원래 문장의 의미와 다른 내용을 독서 노트에 적어놓을 수 있습니다. 그렇게 되면 그 잘못을 수정할 기회가 찾아오지 않습니다. 저자의 말을 평생 '오해'하게 되는 것이죠. 독서 노트에 원래의 문장을 그대로 적어두면 이러한 '오해'가 풀릴 수 있는 기회가 생깁니다. 두 번째 만남에서 '오해'를 풀고 제대로 이해할 수 있으니까요.

일본의 철학자 지바 마사야는 《공부의 철학》에서 공부에서 중요한 것은 대충의 이해와 정확한 표현을 구별하여 인식하는 것이라고 말합니다. 텍스트를 통째로 암기할 필요는 없지만 중요한 부분에 한해서는 원래 어떤 표현이 쓰여 있었는지를 확인할 수 있도록 정리해야 한다고 당부합니다. 이를 위해 그가 추천하는 방법이 바로 독서 노트에 인용할 문장을 축적하는 것입니다.

어떤 문헌에 문자 그대로 어떻게 쓰여 있었는지, 몇 쪽인지를 명확히 적은 후 그것과 구별하여 자신이 이해한 바를 메모해둔다. 공부를 계속한다는 것은 이처럼 '출전(문헌 제목과 쪽수, 나아가 출판 연도 등)'을 명기한 독서 노트를 계속 쓰는 것이다. 자신의 지식을 출전과 연결시키는 것이다.

—《공부의 철학》, 지바 마사야, 책세상

원래의 문장과 내 생각을 구별해 적어놓지 않으면 또 다른 문제가 생깁니다. 독서 노트에 쓰여 있는 것이 내가 생각한 것인지, 책에 있는 말인지 알 수 없게 되죠. 그러면 자기도 모르는 사이에 다른 이의 생각을 훔치는 일이 생길 수 있습니다. 이러한 불상사를 방지하기 위해서는 어떤 책의 몇 쪽에 있는 문장인지 독서 노트에 명확히 적고, 그것과 구별하여 내 생각을 써두어야 합니다.

글쓰기 재료를 모을 수 있다

정약용은 대표작인 《목민심서》,《흠흠신서》,《경세유표》를 비롯하여 500여 권의 저작을 남겼습니다. 한 사람이 남긴 것이라고는 믿기 어려울 정도로 많은 양의 책을 쓸 수 있었던 것은 그의 독서법 때문이었습니다.

- 정독: 정성 들여 자세히 읽는 것
- 질서: 읽으면서 생각을 메모하는 것
- 초서: 책 구절을 옮겨 적는 것

정약용의 독서법 중 초서는 책을 베껴 쓰는 것, 즉 필사를 말합니다. 책을 읽다가 중요한 구절이 나오면 그대로 옮겨 적는 것이죠. 정약용은 '초서'를 통해 자료를 모으고, '질서'를 통해 생각을 축적하여 많은 책을 쓸 수 있었습니다. 정약용은 공부법으로써 초서의 힘을 알았기 때문에 자녀와 제자들에게 초서의 중요성을 강조했다고 합니다. 개인 초서를 남겼느냐의 여부로 정약용의 제자인지, 아닌지를 판별할 수 있을 만큼 초서는 정약용이 제자들을 가르칠 때 가장 역점을 두어 강조했던 공부법이었습니다.

필사한 문장들은 글쓰기의 재료가 되고, 독서 노트는 공부와 글쓰기를 위한 귀중한 자료 창고가 됩니다.

글쓰기 실력이 는다

필사와 글쓰기의 관계에 대한 의견은 분분합니다. 필사가 글쓰기에 도움이 된다고 말하는 사람도 있고, 그렇지 않다고 말하는 사람도 있습니다. 이렇게 의견이 갈리는 것은 모두가 똑같은 방식으로 필사를 하는 것이 아니기 때문입니다. 필사는 '어떻게' 하느냐가 중요합니다. 어떻게 하느냐에 따라 필사가 글쓰기에 도움이 될 수도 있고, 되지 않을 수도 있습니다.

기자로 처음 입사를 하면 신입사원 수습 기간에 선배 기자들의 기사를 필사하며 기사 쓰는 법을 배운다고 합니다. 모범이 되는 기사를 필사하면서 글의 구조와 문장 표현에 대해 공부하는 것이죠. 아무 생각 없이 그냥 베껴 쓰기만 하는 필사는 아무런 도움이 되지 않습니다. '의식적으로' 단어와 문장을 관찰하고, 글의 구조를 파악하며 필사를 해야 글쓰기 실력을 늘리는 데 도움이 됩니다.

독서 노트는 중요한 문장만 골라서 필사하는 것이기 때문에 한 편의 글이나 책 전체를 베껴 쓰는 필사와 비교해서는 글쓰기 향상 정도가 적을 수 있습니다. 책에서 일부 문장만 필사하면서 글의 전체 구성이나 문장의 연결 관계를 파악하기는 어려우니까요. 그렇더라도 독서 노트 쓰기는 분명 글쓰기에 도움이 됩니다. 독서 노트에 옮겨 적는 문장은 책에서 중요도가 높고, 저자가 심혈을 기울여 만들었을 가능성이 큽니다. 그런 좋은 문장을 골라 세심하게 관찰하고, 옮겨 적고, 반복적으로 읽으면 글쓰기 실력이 늘어날 수밖에 없습니다.

수십 권의 독서보다
한 권의 독서 노트가
삶을 바꾼다

　　　　　　　　　　독서 노트를 쓰는 방법을 안다 해도
실제로 쓰는 것은 쉽지 않습니다. 요즘은 컴퓨터와 스마트폰을 주로
사용하기 때문에 노트에 손글씨를 쓰는 일이 별로 없으니까요. 그러
다 보니 책의 문장을 노트에 옮겨 적는 것부터 힘이 듭니다. 글씨가
잘 써지지 않고, 오래 쓰다 보면 손도 아픕니다. 내 글씨지만 예쁘지
않아 손글씨를 쓰고 싶은 마음이 들지 않습니다. 무엇보다 시간이
오래 걸립니다. 그냥 눈으로만 읽을 때보다 훨씬 더 시간이 많이 걸
리죠. 하루하루 바쁘고 책 읽을 시간도 부족한데 독서 노트를 쓰다
보면 책장을 넘기는 속도가 잘 나지 않습니다. 독서 노트를 쓰기로
마음먹고 며칠 하다 보면 이런 고민이 듭니다.

'독서 노트를 쓸 시간에 차라리 다른 책을 한 권 더 읽는 게 좋지 않을까?'

'굳이 시간을 들여 책의 문장을 필사하고, 생각을 적는 게 효율적인 일일까?'

이런 고민을 하는 게 당연합니다. 그렇다면 지금부터 독서 노트를 왜 써야 하는지 그 이유를 설명할까 합니다.

기억에 오래 남는다

반복 학습은 공부한 것을 기억에 오래 남기기 위한 좋은 방법입니다. 헤르만 에빙하우스의 망각 곡선(forgetting curve) 연구에 따르면 학습 후 10분 후부터 망각이 시작되며, 1시간 뒤에는 50퍼센트, 하루 뒤에는 70퍼센트, 한 달 뒤에는 80퍼센트를 망각하게 됩니다. 그런데 망각이 일어나는 시점에 맞춰 주기적으로 복습을 해주면 기억을 다시 살릴 수 있고, 장기 기억으로 저장할 수 있다고 합니다.

독서 노트는 반복 학습의 측면에서 책의 내용을 더 잘 기억하게 도와줍니다. 독서 노트를 쓰려면 책을 읽고 나서 얼마 지나지 않은 시점에 책을 다시 봐야 하죠. 독서 노트에 책의 문장을 옮겨 적을 때 자연스럽게 복습이 됩니다. 독서 노트는 쓰고 나서도 복습하기에 좋습니다. 독서 노트를 쓸 때는 시간이 많이 필요하지만, 독서 노트에 적은 것을 읽을 때는 몇 분이 걸리지 않으니까요. 독서 노트를 항상 가지고 다니면서 자투리 시간이 생길 때 훑어보면 손쉽게 책의 내용을 복습할 수 있습니다. 이렇게 독서 노트는 쓰는 과정과 쓴 이후에도 책의 내용을 반복 학습하게끔 만들기 때문에 기억에 오래 남는 독서를 할 수 있습니다.

제대로 음미할 수 있다

책을 한 번 읽는다고 내 것이 될 수 있을까요? 마지막 페이지를 보기 위해 질주하는 것 같은 독서로는 책 속 문장을 내 것으로 만들 수 없습니다. 음식을 허겁지겁 먹으면 맛을 제대로 음미할 수 없듯이 책도 제대로 음미하기 위해서는 천천히 읽어야 합니다. 마음에 드는 문장에 밑줄을 치고, 독서 노트에 천천히 옮겨 적으며 느리게 읽어보세요. 그리고 독서 노트에 적어놓은 문장을 천천히 살펴보세요. 독서 노트 쓰기는 문장을 제대로 음미할 수 있는 시간을 선사합니다.

이해가 잘 되지 않는 문장이 있으면 독서 노트에 써보세요. 노트에 쓴 문장을 여러 차례 반복해 읽다 보면 의미가 다가오는 순간이 있을 것입니다.

제대로 생각할 수 있다

독서 노트를 쓰다 보면 신기한 일이 일어납니다. 그냥 읽을 때와 달리 많은 생각이 떠오릅니다. 왜 그럴까요? 밑줄 친 문장을 노트에 옮겨 적을 때 머릿속에 머무르는 시간이 생기기 때문입니다. 머릿속에 문장이 머무르며 외부 자극으로 작용하고 나의 반응, 즉 생각을 만들어냅니다.

독서 노트에 저자의 말을 옮겨 적고 나면 뭔가 대꾸를 하고 싶어집니다. 다른 사람이 SNS에 올린 글에 댓글을 다는 것처럼 그 밑에 내 생각을 쓰고 싶어지는 것이죠. 생각을 하다 보면 질문도 떠오릅니다. 저자가 한 말에 내 생각을 말하고 질문하게 됩니다.

눈으로만 읽는 것은 저자의 말을 일방적으로 듣기만 하는 수동적인 독서입니다. 독서 노트에 내 생각과 질문을 쓰면서 저자와 대화를 주고받을 때 비로소 능동적인 독서가 됩니다.

이반 일리치는 독서에 관한 책《텍스트의 포도밭》에서 "배움의 시작은 읽기에 있지만, 그 절정은 묵상에 있다"라며 독서에 있어서 생각의 중요성을 강조합니다. 쓰면 생각하게 됩니다. 독서 노트 쓰기가 생각하는 독서를 만들어줍니다.

생각을 축적할 수 있다

글을 쓰는 사람과 쓰지 않는 사람의 차이는 무엇일까요? 바로 그 사람 안에 축적된 생각의 양입니다. 글쓰기 책을 읽고, 강의를 듣는다고 글을 쓸 수 있는 것이 아닙니다. 글쓰기 방법을 알아도 콘텐츠가 없으면 글을 쓸 수 없습니다. 표현하고 싶은 생각이 쌓여 있어야 가능하죠. 글뿐 아니라 예술 작품을 비롯한 모든 창작품도 마찬가지입니다. 모든 창작은 생각의 표현이니까요. 축적된 생각이 있어야만 창작자로 변신할 수 있습니다.

생각을 축적하기 위해서는 어떻게 해야 할까요? 다양한 경험을 하며 생각을 수집해야 합니다. 독서 노트는 책 읽기라는 간접 경험을 통해 생각을 축적하는 방법입니다. 독서 노트를 꾸준히 쓰면 책을 읽으며 가졌던 생각들이 차곡차곡 쌓이게 됩니다. 독서 노트가 어느덧 내 생각의 저장소가 되는 것이죠.

창의적인 생각을 할 수 있다

"Creativity is just connecting things."

스티브 잡스는 창의성이란 그저 사물을 연결시키는 것이라고 했습니다. 다른 많은 사람도 창의성에 관해 비슷하게 말합니다. 창의성은 이전에 없던 완전히 새로운 무언가를 만드는 것이 아닌, 이미 존재했지만 서로 관련이 없던 것을 새롭고 독특한 방식으로 연결하여 쓸모 있는 것을 만드는 것입니다. 창의성의 핵심은 연결인 것이죠.

《메모 습관의 힘》에서 저는 창의성을 올리기 위한 두 가지 방법으로 '생각의 재료 수집하기', '생각을 충돌시키기'를 언급했습니다. 독서 노트는 생각의 재료를 수집하는 저장소 역할을 합니다. 생각의 재료가 모이면 재미있는 일이 일어납니다. 축적된 생각들이 서로 충돌하며 연결되죠. 정보와 정보가 만나고, 생각과 생각이 만납니다. 독서 노트라는 반응로 안에서 생각이 서로 충돌하고 새로운 아이디어가 합성됩니다. 저는 독서 노트를 읽으며 글을 쓸 소재를 찾습니다. 독서 노트에 적혀 있는 과거의 내 생각과 현재 내 머릿속의 생각이 만날 때 글의 아이디어가 만들어집니다.

독서 노트는 생각의 반응로입니다.
창의적 아이디어의 원천입니다.

실천하게 된다

책 속에는 삶에 도움이 되는 가르침이 있습니다. 자기계발서에서만 그런 가르침을 얻을 수 있는 것이 아닙니다. 소설, 수필, 역사책 등 어떤 분야의 책에서든 삶에 도움이 되는 힌트를 얻을 수 있습니다. 그런데 책을 통해 삶을 변화시키는 사람은 많지 않습니다. 책에서 배운 것들을 실천하지 못하기 때문이죠.

독서 노트를 쓰면 달라집니다. 독서 노트에 책을 읽고 깨달은 것과 함께 실천 항목을 적어보세요. 어딘가에 목표를 써두면 이룰 확률이 커진다고 하지 않습니까. 독서 노트에 실천 항목을 적어두면 그렇지 않을 때보다 실천할 가능성이 훨씬 커집니다. 독서 노트에 쓴 실천 항목들을 하나씩 습관으로 만들다 보면 삶이 변화하기 시작합니다. 삶에 영향을 끼치지 못하던 독서가 독서 노트 쓰기를 통해 바뀝니다.

"독서 노트를 쓸 시간에 차라리 다른 책을 한 권 더 읽는 게 좋지 않을까요?"

저는 이 질문에 이렇게 답하겠습니다.

"수십 권을 눈으로만 대충 읽는 것보다 독서 노트를 쓰며 한 권을 제대로 읽는 것이 삶에 도움이 됩니다."

한 권을 읽어도 제대로! 독서 노트를 쓰며 깊이 있게 읽는 것이 올바른 독서법입니다.

독서 노트 다시 읽기로
또 다른 나를 만난다

독서가 주는 열매를 잘 따먹기 위해서는 독서 노트를 써야 한다는 사실, 이제 잘 이해하셨나요? 그런데 독서 노트를 쓰는 것만큼이나 중요한 일이 또 있습니다. 그것은 바로 독서 노트 다시 읽기입니다. 독서 노트를 썼다고 해서 끝이 아닙니다. 주기적으로 독서 노트를 펼쳐 과거에 쓴 내용을 다시 읽는 것이 중요합니다.

앞서 독서 노트를 쓰면 책의 내용을 더 잘 기억할 수 있다고 말씀드렸습니다. 독서 노트를 쓰면 분명 기억에 도움이 됩니다. 하지만 독서 노트에 쓴 내용도 시간이 지나면 기억에서 서서히 사라집니다. 오래 기억하기 위해서는 어떻게 해야 한다고 했죠? 그렇죠. 반복 학습을 해야 한다고 했죠. 독서 노트를 쓰고 난 이후에 방치하지 말고 종종 시간을 내 읽어보세요. 기억의 유효 기간이 한 번 더 연장될 것입니다. 독서 노트를 다시 읽는 시간을 주기적으로 가지면 가장 좋겠지만 꼭 그렇게까지 하지 않아도 됩니다. 미팅 전에 시간이 조금 남았을 때, 대중교통을 이용할 때처럼 자투리 시간이 생길 때마다 독서 노트를 펼치세요. 독서 노트에 책 한 권을 정리하는 데는 많은 시간이 필요하지만 독서 노트에서 책 한 권을 다시 읽는 데는 5분이면 충분합니다.

독서 노트에 적은 문장들은 책에서 엄선한 것들이니 다시 읽으면 책의 핵심 내용을 복습하는 셈입니다. '맞아. 그때 이 문장이 참 좋았지' 하며 예전에 읽었을 때의 기억이 떠오르기도 하죠. 독서 노트에 적혀 있는 문장이 낯선 경우도 있습니다. 분명 직접 읽고, 직접 옮겨 적은 것인데 처음 보는 것 같은 기분이 들죠. 이것이 바로 독서 노트를 다시 읽는 이유입니다. 기억 속에서 달아난 문장들을 다시 붙잡아놓을 수 있으니까요.

독서 노트를 읽다 보면 많은 문장 중에서 더 특별히 마음에 와닿는 문장이 있습니다. 지금의 관심사나 해결하고 싶은 문제에 연결되는 문장을 만나면 책에 밑줄을 쳤던 것처럼 독서 노트에도 밑줄을 쳐주세요. 다음의 순서로 중요도가 높아집니다.

책 속에 밑줄 친 문장

▼

독서 노트에 옮겨 적은 문장

▼

독서 노트에서 밑줄 친 문장

독서 노트를 읽다 보면 재미있는 일이 생깁니다. 독서 노트를 쓸 때는 생각하지 못했던 새로운 깨달음이 찾아오죠. 생각 메모 없이 필사만 해놓았던 부분을 읽으면 새로운 생각이 떠오르고, 다시 읽으면서 새롭게 가슴에 확 꽂히는 문장을 발견합니다. 왜 이런 일이 생길까요? 독서 노트를 쓸 때의 나와 다시 읽을 때의 나가 다르기 때문입니다. 논픽션 작가 벌린 클링켄보그는 "다시 읽기란 불가능하다"라고 말했습니다. 책은 그대로지만 독자가 변하기 때문이라는 것이죠. 독서 노트를 다시 읽을 때도 마찬가지입니다. 독서 노트를 쓸 때와는 다른 사람이 읽는 것과 같기 때문에 다른 생각을 만들어내는 것입니다.

그런데 독서 노트를 다시 읽을 때 변화만 경험하는 것이 아닙니다. 처음 책을 읽을 때 공감했던 문장을 독서 노트에서 읽으며 또다시 감동하고, 독서 노트에 적혀 있는 생각과 같은 생각을 지금도 하고 있는 나를 발견할 수 있죠. 다시 말해 독서 노트를 쓸 때와 다시 읽을 때의 나는 달라진 부분도 있지만, 변하지 않고 그대로인 부분도 있습니다.

다음은 《어린 왕자, 내 안의 구도자》를 읽고 서로 다른 시기에 쓴 독서 노트 사진입니다. 2016년 11월 25일에 처음 쓴 독서 노트와 2018년 10월 21일에 다시 읽고 쓴 내용을 비교해보면 '나 = 내가 연결된 네트워크'라는 기본 생각은 동일한데, 2018년에는 그 생각이 사랑, 자아의 경계, 자비, 마음의 눈과 연결되어 좀 더 확장된 것을 볼 수 있습니다. 2018년의 나는 2016년의 나와 비슷한 생각을 하고 있지만 좀 더 성장한 모습이죠.

읽은 시기에 따라 생각이 달라진 《어린 왕자, 내 안의 구도자》 독서 노트

독서 노트는 자아의 연속성과 성장을 기록하는 공간입니다. 독서 노트를 읽으면 내가 어떤 사람인지 확인할 수 있고, 이는 자아 정체성을 통합하는 데 도움이 됩니다. 독서 노트는 자아를 비추는 거울입니다.

독서 노트 다시 읽기

- 주기적으로 독서 노트를 다시 보는 시간을 갖는다.
- 독서 노트를 항상 가지고 다니며 자투리 시간이 생길 때마다 꺼내 읽는다.
- 독서 노트를 다시 읽으며 인상 깊은 문장에 밑줄을 치고 떠오르는 생각을 메모한다.
- 독서 노트를 처음 쓸 때 사이사이에 여백을 주어 독서 노트를 다시 읽을 때 추가 메모를 할 수 있게 한다.
- 과거에 쓴 독서 노트를 가지고 다니기 힘들면 스캔하여 PDF로 만들어 스마트폰이나 태블릿 PC에 넣고 본다.

원하는 삶으로 이끄는
'언어의 힘'

과거에 쓴 독서 노트를 읽다 보면 재미있는 사실을 알게 됩니다. 독서 노트가 마치 일기장 같다는 것이죠. 과거의 내가 그 당시에 읽은 책을 통해 어떤 새로운 생각을 하게 되었는지가 보입니다. 책을 읽고 어떤 새로운 생각을 하게 되었고, 그 생각을 가지고 어떤 글을 썼는지가 독서 노트에 세세하게 적혀 있기 때문입니다.

《아들러 심리학 해설》을 읽고 독서 노트에 쓴 메모들은 나중에 '내 안의 열등감과 만나는 방법'이라는 글로 바뀌었습니다.

《아들러 심리학 해설》 '내 안의 열등감과 만나는 방법' 글쓰기

《아들러 심리학 해설》 독서 노트

〈립잇업〉
연애심리학 글쓰기
'연애를 잘하는 사람과
못하는 사람의 차이'

8.10. 〈 Rip it Up 〉 리처드 와이즈먼

《립잇업》 독서 노트

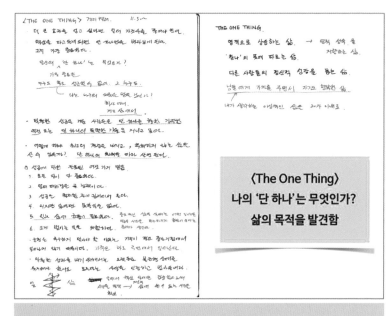

《원씽》 독서 노트

리처드 와이즈먼의《립잇업(Rip it up)》을 읽고 쓴 메모를 가지고는 '연애를 잘하는 사람과 못하는 사람의 차이'라는 글을 썼습니다. 이 글은 클리앙에 올렸을 때 엄청난 조회 수를 기록했고, 큐레이팅 매거진 〈ㅍㅍㅅㅅ(ppss.kr)〉에서 발행되어 널리 공유되기도 했습니다.

다음은《원씽(The One Thing)》을 읽고 독서 노트에 쓴 내용입니다. 현재 저의 가치관인 '다른 사람에게 가치를 주면서 나 자신도 행복한 삶', '다른 사람들의 정신적 성장을 돕는 삶'은《원씽》을 읽고 독서 노트에 적은 생각들로부터 만들어진 것입니다.

세스 고딘의 《이카루스 이야기》를 읽고 쓴 독서 메모는 저에게 소중한 기록입니다. 독서 노트에 쓴 내용들은 이후 제 삶에 엄청난 영향을 끼쳤습니다.

아티스트: 기존 질서에 도전하는 용기와 통찰력, 창조성과 결단력을 갖춘 사람

당신이 직접 과감하게 도전하고, 자신의 존재를 드러내고, 새롭고 복잡하고 중요한 가치를 만들어내지 못한다면 아무 일도 일어나지 않는다.

책에서 뽑은 이 문장들을 노트에 적으면서 저는 세스 고딘이 말하는 '아티스트'가 되고 싶다는 생각을 했습니다.

《이카루스 이야기》의 독서 메모를 보면 '성공하는 아티스트들의 습관'이라는 목록이 있습니다.

자신이 만든 것을 파는 법 배우기, 강연하기, 자주 실패하기, 남들을 가르치기, 매일 글쓰기, 다른 사람들을 연결해주기, 모임 주도하기

독서 노트에 적은 아티스트들의 습관들을 다시 살펴보니 이 중 많은 일을 지금 제가 하고 있다는 것을 깨닫게 되었습니다. 독서 노트를 한 권씩 읽어나가니 그동안 제가 거쳐 온 삶의 변화 과정이 계

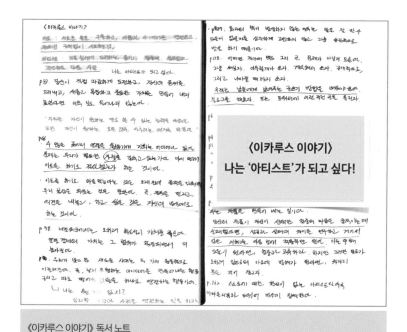

《이카루스 이야기》 독서 노트

속해서 펼쳐졌습니다. 독서 노트는 제 삶의 변화가 기록된 연대기(chronicle)라 할 수 있습니다.

7년 동안 쓴 독서 노트를 다시 읽으면서 독서 노트 쓰기가 지금의 제 삶에 엄청난 영향을 끼쳤다는 것을 확인할 수 있었습니다. 그리고 질문이 생겼습니다.

'독서 노트가 어떻게 삶을 변화시키는 것일까?'

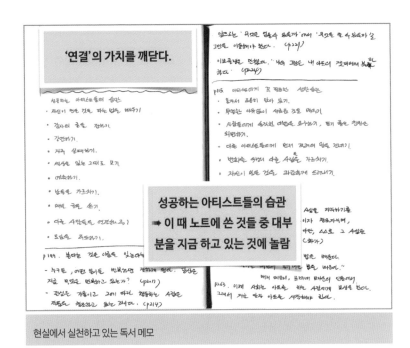

현실에서 실천하고 있는 독서 메모

그 질문에 대한 답은 지바 마사야의 《공부의 철학》에서 찾을 수 있었습니다.

인간은 물질적 현실 그 자체를 살아가는 것이 아닙니다. 항상 언어라는 필터를 거치죠. 인간은 '언어적 가상 현실' 속에서 살아갑니다. 그런데 언어 그 자체는 현실에서 분리되어 있습니다. 언어 그 자체는 현실적으로 무엇을 하는지와 상관없는 다른 세계에 속해 있습니다. 그렇기 때문에 자유로워지기 위해서는 언어의 해방적인 힘(언어의 타자성)에 주목해야 한다는 것이《공부의 철학》의 주장입니다.

삶을 자신이 원하는 방향으로 변화시키는 것은, 지금 속해 있는 환경에는 없는 가능성을 상상을 통해 그릴 수 있는 언어의 힘이 있기 때문에 가능합니다.

'언어의 힘'을 이용할 수 있는 사람, 언어를 가진 사람만이 자신이 원하는 삶을 살 수 있습니다. 독서 노트 쓰기를 통해 제 삶이 변화할 수 있었던 이유는 바로 '언어의 힘' 때문입니다. 독서 노트에 책 속 문장을 베껴 쓰고, 내 생각을 적는 과정을 통해 새로운 가능성을 위한 언어를 수집한 것입니다. 독서 노트 쓰기가 삶을 변화시킬 수 있는 이유는 새로운 가능성을 그리기 위한 언어를 캐내는 작업이기 때문입니다.

삶을 변화시킬 수 있는 언어의 힘을 이용하기 위해서는 먼저 내가 이용할 수 있는 언어가 풍부해야 합니다. 독서 노트는 내 삶을 변화시키기 위한 언어의 원석을 캐내는 채굴장과 다름없습니다. 독서 노트에서 채굴한 언어를 삶에 녹여내고 담금질하면 비로소 자유로운 삶을 쟁취하기 위한 무기로 탈바꿈할 수 있습니다.

독서 노트 쓰기는 멈춤입니다. 침묵입니다.
새로운 언어를 찾기 위한 멈춤입니다.

독서 노트 쓰기

마음에 드는 문장을 옮겨 적으며 책을 음미해봅시다. 분위기 좋은 카페나 조용히 혼자 있을 수 있는 공간을 찾아가 책과 독서 노트를 펼칩니다. 밑줄 쳐진 문장을 읽으면서 독서 노트에 쓸 문장을 다시 한 번 고릅니다. 골라낸 문장을 천천히 읽으며 독서 노트에 그대로 옮겨 적습니다. 생각이나 질문이 떠오르면 파란색 펜으로, 해야 할 일이 떠오르면 빨간색 펜으로 적습니다.

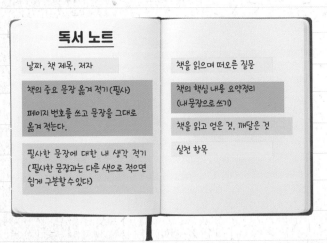

독서 노트

날짜, 책 제목, 저자

책의 중요 문장 옮겨 적기 (필사)
페이지 번호를 쓰고 문장을 그대로 옮겨 적는다.

필사한 문장에 대한 내 생각 적기
(필사한 문장과는 다른 색으로 적으면 쉽게 구분할 수 있다)

책을 읽으며 떠오른 질문

책의 핵심 내용 요약정리
(내 문장으로 쓰기)

책을 읽고 얻은 것, 깨달은 것

실천 항목

이번 주부터 매주 적어도 일주일에 1시간 이상 시간을 내어 그 주에 읽은 책을 독서 노트에 정리해봅시다.

4장

독서 마인드맵으로
생각을 확장하다

읽는 사람의 과제는 창세기부터 묵시록 사이의
히스토리아(historia, 역사) 가운데 자신이 읽는 모든 것을
그것이 속하는 각각의 지점에 집어넣는 것이다.
오직 그렇게 함으로써만 읽는 사람은
읽기를 통하여 지혜로 나아갈 수 있을 것이다.

-《텍스트의 포도밭》, 이반 일리치

평생 써먹는
인생의 무기

마인드맵(mind map)은 마음속에 떠오르는 생각이나 외부 매체의 정보를 정리할 때 쓸 수 있는 기록법입니다. 마인드맵의 창시자 토니 부잔은 수직 방향으로 순차적으로 쓰는 일반적인 노트 필기 방식이 우리의 뇌가 생각하는 방식과 맞지 않다는 것을 발견했습니다.

우리의 뇌는 어떤 한 가지 아이디어가 떠오르면 그 아이디어와 연관된 다른 생각들이 여러 갈래로 동시 다발적으로 생겨납니다. 그리고 이렇게 생겨난 아이디어는 또 그와 연관된 다른 아이디어를 만들어냅니다. 이것은 나뭇가지가 뻗어 나가는 것과 같습니다. 나무줄기에서 큰 가지가 만들어지고, 큰 가지에서 다시 여러 개의 작은 가지

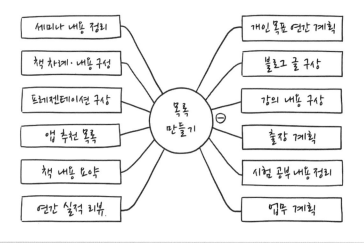

세미나 내용 정리

책 차례·내용 구성

프레젠테이션 구상

앱 추천 목록

책 내용 요약

연간 실적 리뷰

목록 만들기

개인 목표 연간 계획

블로그 글 구상

강의 내용 구상

출장 계획

시험 공부 내용 정리

업무 계획

마인드맵으로 만들고 있는 다양한 목록

가 뻗어 나가는 형태와 흡사합니다. 토니 부잔은 우리의 뇌가 동작하는 방식에 착안해 생각이나 정보를 중심 주제에서 방사형으로 전개되는 형태로 기록하는 방법, 마인드맵을 개발하였습니다.

저는 1990년에 마인드맵을 처음 접하였습니다. 노량진에 있는 국민문고에 갔다가 국내에 처음 번역되어 들어온 토니 부잔의《마인드맵 북》을 우연히 발견했죠.《마인드맵 북》을 읽고 나서 다양한 분야에 마인드맵을 적용해서 써왔습니다. 종이에 손으로 마인드맵을 그리기도 하고, 컴퓨터의 마인드맵 프로그램을 사용하기도 합니다. 마인드맵은 창의적인 아이디어가 필요할 때, 업무 계획을 세울 때, 글이나 발표 내용을 구상할 때, 책이나 강의 내용을 요약정리할 때 아주 유용한 도구입니다.

마인드맵은 한 번 배워두면 평생 쓸 수 있는 인생의 무기가 됩니다. 회사 업무와 개인 생활, 양쪽에서 모두 유용하게 쓸 수 있습니다. 시간을 들여 배우고 익숙하게 만들 가치가 있는 기술입니다. 마인드맵 독서는 메모 독서에서도 중요한 한 가지 방법이니 이번 기회에 꼭 익혀두기 바랍니다.

마인드맵
기초 사용법

마인드맵을 처음 접하는 분들은 뭔가 복잡해 보이고 만들기 어려울 것 같다고 생각합니다. 그런데 마인드맵을 그리는 방법은 의외로 간단합니다. 간단한 마인드맵을 하나 만들어보면 금방 배울 수 있습니다. 마인드맵은 필기구를 사용해 종이에 그릴 수도 있고, 컴퓨터나 패드에서 마인드맵 프로그램을 사용해 디지털로 작성할 수도 있습니다. 마인드맵 독서를 위해서는 디지털 마인드맵을 사용하는 것이 더 적합합니다. 자, 지금부터 디지털 마인드맵을 함께 작성해봅시다.

'버킷리스트'라는 주제로 마인드맵을 만들어볼까요? (다음 예시의 화면 캡쳐 이미지는 'Xmind' 프로그램의 실행 화면입니다. 다른 마인드맵 프로그램의 경우 화면 구성과 단축키가 다를 수 있습니다.)

1. 마인드맵 앱을 실행시키고 새로운 맵 만들기를 선택합니다. 빈 화면의 중앙 부위에 '중심 토픽'이라고 쓰여 있는 사각형 박스가 보입니다. 중심 토픽은 내가 만들려고 하는 마인드맵의 주제를 말합니다.

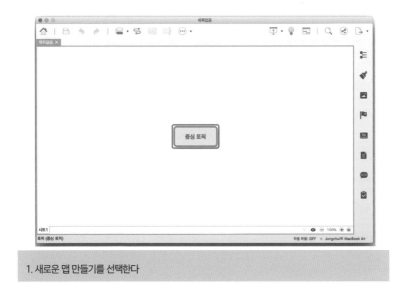

1. 새로운 맵 만들기를 선택한다

2. 박스의 '중심 토픽' 글자 위를 더블 클릭하면 내용을 수정할 수 있습니다. '버킷 리스트'라고 입력합시다.

3. 중심 주제를 입력했으면 이제 생각을 펼쳐나가며 가지에 하나씩 입력할 차례입니다. 내가 이루고 싶은 일이 무엇인지 떠올려봅시

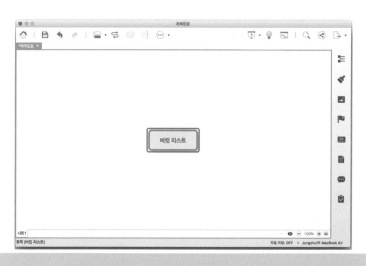

2. '중심 토픽' 글자 위를 더블 클릭 후 '버킷 리스트'라고 적는다

다. 떠올랐나요? 가장 먼저 여행이 가고 싶다고요? 그러면 키보드에
서 'tab'을 쳐줍니다. 'tab'은 하위 레벨의 가지를 새로 추가하는 단
축키입니다. 중심 토픽이 선택된 상태에서 'tab'을 치면 '주가지'가
만들어집니다. 만들어진 가지 끝의 박스 내부를 클릭해서 '여행'이라
고 써줍니다.

또 하고 싶은 일이 있나요? 죽기 전에 책을 한 권 쓰고 싶다고요?
'여행'이라고 쓴 박스가 선택된 상태에서 이번에는 'enter'를 쳐줍니
다. 그러면 아래쪽으로 새로운 가지가 만들어집니다. 'enter'는 같은
레벨에서 가지를 추가하는 단축키입니다. 추가된 가지의 박스에 '책
쓰기'라고 씁시다.

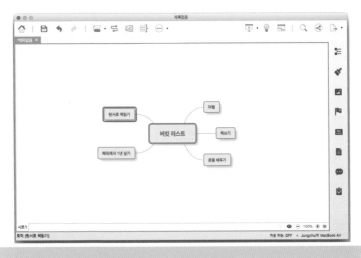

3. 'tab' 키를 쳐서 주가지를 추가한다

이런 식으로 'enter'로 가지를 추가하며 자신의 버킷리스트를 하나씩 적습니다.

4. 중심 주제에서 뻗어 나간 첫 번째 가지를 '주가지'라고 부릅니다. 주가지를 어느 정도 채웠으면 이제는 '부가지'를 이어 붙이며 생각을 전개해나가야 합니다. '여행'을 가고 싶은 곳은 어디인지 생각해봅시다. '여행' 박스가 선택된 상태에서 'tab'을 누르면 부가지가 만들어집니다. 거기에 '호주'라고 적어봅시다. 또 적고 싶은 나라가 있다고요? 그렇다면 같은 레벨에서 가지를 추가해야 하니 이번에는 'enter'를 칩니다.

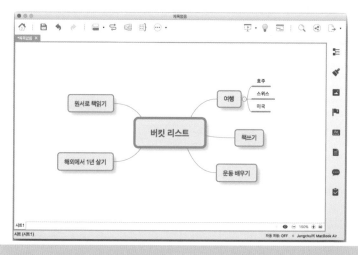

4. 주가지 박스에서 tab 키를 쳐서 부가지를 만든다

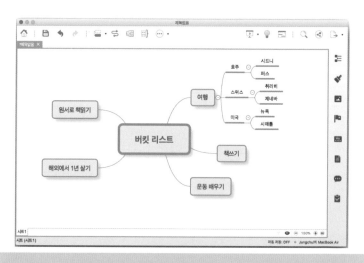

5. 'enter' 키를 쳐서 같은 레벨의 세부가지를 추가한다

5. 여행 가고 싶은 나라를 적었으면, 그 나라 안에서 가고 싶은 도시를 생각해볼 수 있겠죠? 다시 'tab'을 눌러 새로운 세부가지를 만들고 가고 싶은 도시를 적어주면 됩니다.

이런 식으로 중심 주제에 주가지를 만들고, 주가지에 부가지를 연결하고, 부가지에 세부가지를 연결하는 방식으로 생각을 전개해나갑니다. 마인드맵에 새로운 가지를 추가할 때는 마우스를 써서 메뉴를 선택해도 되지만, 단축키를 사용하면 훨씬 빠르고 편합니다. 딱 두 가지 단축키만 기억하세요.

- tab: 하위 레벨의 가지 생성
- enter: 같은 레벨의 가지 생성

물론 마인드맵 프로그램의 다양한 기능을 모두 활용하기 위해서는 약간의 공부가 필요합니다. 하지만 기본적인 마인드맵을 만들 때는 tab과 enter만 알아도 충분합니다.

그렇다면 어떤 마인드맵 프로그램을 사용하는 것이 좋을까요? 마인드맵 프로그램은 상당히 다양합니다. 대부분의 프로그램이 무료 버전을 제공하니 무료 버전을 먼저 써보고, 기능이나 디자인이 마음에 드는 프로그램을 선택해서 쓰면 됩니다. (저는 Mac과 ipad에서는

ithoughts, Windows에서는 Xmind를 쓰고 있습니다.)

대표적인 마인드맵 프로그램

- Xmind

- ithoughts

- Mindnode

- Simple mind

- Thinkwise

- 알마인드

- MindMeister

마인드맵 만들기, 어렵지 않죠? 마인드맵 프로그램을 설치하고 바로 시작해보세요.

마인드맵으로
쉽게 끝내는 책 요약

독서 마인드맵은 아이디어 발상과 생각 정리에 유용할 뿐 아니라 정보를 요약정리하는 데에도 탁월합니다. 독서 후에 마인드맵으로 책 내용을 요약하고, 거기에 생각을 추가하면 훌륭한 독서 기록이 됩니다.

독서 마인드맵의 기본은 책의 핵심 내용을 뽑아 간략하게 요약하는 것입니다. 책 내용을 요약하기 위해 사용하는 방법은 크게 세 가지입니다.

키워드 뽑기

책을 요약하기 위해서는 가장 먼저 어떤 것이 중요한 내용인지를 판별해야 합니다. 각 장별로 저자가 전달하려는 핵심 내용이 무엇인지 파악하고, 키워드(핵심어)를 뽑아냅니다. 책을 읽을 때 핵심 문장에 밑줄을 치고 기호로 표시를 해두거나, 독서 노트에 핵심 문장을 적어두면 키워드를 뽑을 때 도움이 됩니다. 뽑아낸 키워드는 마인드맵에서 주가지 위에 들어가는 항목이 됩니다.

범주화-계층형 목록 만들기

범주화란 일정한 기준으로 정보를 묶는 작업입니다. 독서 마인드맵을 만드는 것은 범주화를 통해 책의 정보를 계층형 목록으로 만드는 작업입니다. 키워드를 뽑았으면 책에서 해당 키워드에 관련되는 내용을 찾아 주가지 밑의 부가지에 써줍니다. 내용이 단순할 경우에는 '주가지-부가지' 2단계로 정리할 수도 있지만, 내용이 복잡하고 정보량이 많은 경우에는 부가지 아래에 세부가지를 만들어 여러 단계의 계층형 목록을 만들게 됩니다.

가지 위에 적는 텍스트는 어떻게 쓰면 될까요? 원래 마인드맵 작성 규칙에는 가지에 하나의 단어만 쓰게끔 되어 있습니다. 그래야 의미가 고정되지 않고, 더 자유로운 연상을 유도할 수 있습니다. 하지만 이러한 원칙은 아이디어 발상을 위한 마인드맵에 적합합니다. 독서 마인드맵과 같이 정보를 요약하는 마인드맵을 만들 때는 이 규칙을 꼭 지키지 않아도 됩니다. 간략하게 한두 단어로 적는 것이 좋지만, 짧게 요약이 어렵다면 몇 개의 단어로 된 문구 또는 아예 문장으로 적어도 됩니다. 책의 내용을 요약할 때는 간략하게 적는 것도 좋지만, 그보다 더 중요한 것이 정확한 의미를 전달하는 것이니까요.

다음은 M. 스캇 펙의 《아직도 가야 할 길》의 1장을 마인드맵으로 요약한 것입니다. '삶', '정신적 성장', '훈련' 세 가지 키워드를 뽑고, 각 키워드에 해당하는 내용을 세부가지에 적어 계층형 목록을 만들었습니다.

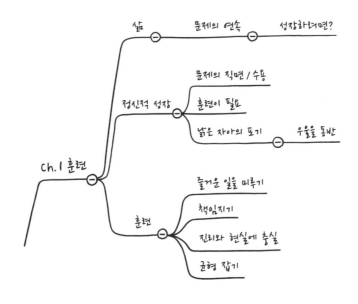

강조 처리

마인드맵에 담은 정보량이 많아 가지가 복잡하게 뻗어 있을 때는 그중에서 어떤 것이 가장 중요한 핵심 내용인지 빠르게 파악하기 어렵습니다. 그래서 정보의 중요도에 따라 가지의 색상이나 기호 등을

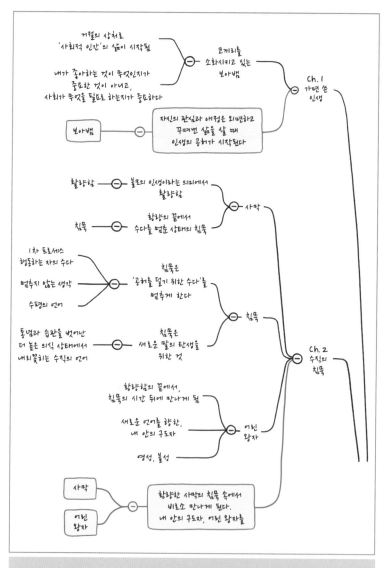

중요 내용을 담은 가지 강조 처리, 《어린 왕자, 내 안의 구도자》 독서 마인드맵 중 일부

사용하여 강조 처리를 하는 것이 필요합니다.

저자의 핵심 주장이나 나와 가장 관련이 높은 내용을 담은 가지에 강조 처리를 해보세요. 자신이 좋아하는 강조 색을 정해 색을 바꿔줘도 좋고, 체크 표시와 같은 아이콘을 강조하고 싶은 가지 위에 붙여도 됩니다. 독서 마인드맵에 강조 처리가 되어 있으면 그 책의 핵심 내용을 빠르게 파악할 수 있습니다. 강조도 요약입니다.

잘 만든 독서 마인드맵의 조건

독서 마인드맵을 잘 만들었는지는 어떻게 알 수 있을까요? 독서 마인드맵을 가지고 책의 내용을 제대로 복원할 수 있는지를 보면 됩니다. 독서 마인드맵을 가지고 누군가에게 책 소개를 하거나, 서평을 쓰거나, 독서 모임에서 발제를 해보는 것이죠. 독서 마인드맵으로 책 내용을 전달하고, 글쓰기 등에 활용할 수 있으면 잘 만든 것입니다. 그러려면 책 내용을 간단하게 요약하면서도 핵심적인 내용이 빠짐없이 들어가 있어야겠죠?

그리고 독서 마인드맵에 책의 내용만 요약하지 말고 여러분의 생각을 담으세요. 독서 노트에 책을 읽으면서 떠오르는 생각을 적었듯이, 독서 마인드맵에도 책에서 얻은 인사이트를 담으세요. 책을 통해 깨달은 것, 그 결과로 도출한 해야 할 일까지 써넣으면 독서 마인드맵이 완성됩니다.

독서 마인드맵, 처음 접하는 분들에게는 만들기 어려워 보일 수도 있지만 실제로 해보면 그렇게 어렵지 않습니다. 범주화를 너무 잘하려고 한다든지, 책 내용을 완벽하게 옮기려고 한다든지 하는 욕심만 내려놓으면 됩니다. 만들다 보면 점점 쉽게, 더 잘 만들 수 있습니다. 독서 마인드맵 만드는 법, 이번 기회에 꼭 익혀두시길 바랍니다.

새로운 독서의
장이 열린다

독서 노트는 우리가 학교 수업시간에 했던 노트 필기와 비슷하고 친숙한 방식입니다. 그래서 주변에 독서 노트 쓰기를 권유하면 '나도 독서 노트 한 번 써볼까?' 하고 생각하는 분들이 많았어요. 그런데 마인드맵은 처음 들어본 분이 많고, 노트 필기처럼 수직 방향으로 쓰는 것이 아니라 방사형으로 뻗어 나가는 낯선 형태이다 보니 만들어볼 엄두를 내지 못하는 경우가 많더군요. 독서 마인드맵을 만들기 위해서는 새로운 도구를 익혀야 하는 진입 장벽이 있지만, 그 벽을 넘어서면 새로운 독서의 장이 열립니다. 독서 마인드맵을 만들면 어떤 점이 좋을까요?

전체 흐름을 파악할 수 있다

마인드맵으로 책을 정리하면 각 장의 핵심 내용이 무엇인지 한눈에 보입니다. 또한 각각의 장이 서로 어떤 관계를 가지고 연결되는지 알 수 있습니다. 마인드맵 독서는 책이 어떻게 구성되었는지 전체 흐름을 파악할 수 있게 해줍니다.

더 잘 이해할 수 있다

내용 구성이 복잡한 책을 읽을 때 마인드맵을 만들면 내용을 더 잘 이해할 수 있습니다. 마인드맵으로 책을 정리하면 내용이 항목화되고 순서대로 배열되기 때문에 논리적 흐름을 따라가며 이해하기 쉬워집니다.

더 잘 기억할 수 있다

다양한 정보를 기억하기 위해서는 속성별로 분류하는 범주화가 필요합니다. 마인드맵으로 책을 정리할 때 내용의 범주화를 하게 되므로 책 내용을 더 잘 기억할 수 있습니다. 마인드맵에 책 내용에 맞는 이미지를 사용할 경우, 뇌는 이미지를 더 잘 기억하기 때문에 책 내용을 더 오랫동안 기억할 수 있습니다. 그리고 마인드맵으로 책 요약을 할 때, 책 내용 중에서 중요한 것만 선별하기 때문에 기억해야 할 정보량 자체를 줄여주는 효과가 있습니다. 기억해야 할 양을 줄이면 더 쉽게 오랫동안 기억할 수 있습니다.

한 장으로 요약할 수 있다

마인드맵으로 책 내용을 정리하면 마인드맵 한 장에 책의 핵심 내용을 모두 담을 수 있습니다. 마인드맵 하나만 있으면 그 책에 대한 이야기를 할 수 있는 것이죠. 나중에 책 내용이 잘 기억나지 않을 때 이전에 만들어둔 마인드맵을 다시 꺼내 보기만 하면 됩니다. 마인드맵 하나로 책 내용에 대한 기억을 금방 복원시킬 수 있습니다.

필요한 내용을 쉽게 찾을 수 있다

예전에 읽었던 책에서 필요한 내용이 있어 찾으려면 상당히 머리가 아픕니다. 어디에 그 내용이 있는지 이곳저곳 살피며 한참을 뒤적거려야 하죠. 그러다가 찾지 못하고 포기하는 경우도 많습니다. 책을 읽고 마인드맵으로 정리를 해두면 이런 문제가 해결됩니다. 책을 뒤적거릴 필요가 없어지죠. 책 요약정리 마인드맵을 보면 필요한 내용을 쉽게 찾을 수 있으니까요.

글쓰기·강의·발제에 활용할 수 있다

마인드맵으로 책을 요약정리해두면 콘텐츠를 만들 때 훌륭한 참고 자료가 됩니다. 책 내용을 인용해 글을 쓰거나 강의 자료를 만들 때 큰 도움이 되죠. 독서 모임 발제를 준비할 때도 마인드맵을 활용할 수 있습니다. 책을 읽으면서 마인드맵으로 1차 요약을 하고, 그 내용을 다듬어 발제 자료를 만들면 됩니다.

독서 노트에는 없는
독서 마인드맵의 장점

　　　　　　　　　　독서 노트와 독서 마인드맵은 어떻
게 다를까요. 독서 노트와 별도로 독서 마인드맵을 만들어야 하는
이유를 살펴봅시다.

　독서 노트는 숲속 나무를 관찰하며 기록한 수첩입니다. 독서 노트
에는 책 속 문장을 그대로 옮겨 적죠. 책에서 선별한 문장을 한 자씩
꼼꼼하게 독서 노트에 필사합니다. 그리고 독서 노트에 적은 문장을
읽으며 음미합니다. 문장 하나하나를 머릿속에 넣고 곰곰이 생각하
다 어떠한 생각이 떠오르면 여백에 메모를 합니다.

　독서 노트 쓰기는 숲을 거닐다 마음에 드는 나무 앞에 다가가 바
라보는 것과 같습니다. 줄기, 잎, 열매를 관찰하고 보이지 않는 땅속

의 뿌리에 대해 생각하는 것이죠.

독서 노트 = 나무 한 그루 관찰하기

독서 마인드맵은 숲 전체를 내려다보며 그린 지도입니다. 독서 마인드맵에는 책을 구성하는 각 장의 핵심 내용이 요약되어 있어 그 내용들이 가지로 서로 연결되어 어떤 관계를 갖는지 알 수 있죠. 각 장의 내용들이 어우러져 어떻게 하나의 주장을 만들고, 한 권의 책이 되는지를 볼 수 있습니다. 책이라는 숲이 어떤 나무들로 구성되어 있는지, 그 나무들 사이로 길이 어떻게 나 있는지, 숲의 전체 모습이 어떤지를 볼 수 있습니다.

독서 마인드맵 = 숲 전체 바라보기

그렇다고 해서 독서 노트와 독서 마인드맵이 배타적인 관계라는 것은 아닙니다. 독서 노트로 책이라는 숲 전체를 바라보는 것이 안 되거나, 독서 마인드맵으로 문장을 음미하는 것이 안 된다는 것이 아닙니다. 독서 노트에 책 전체에 대한 요약을 적거나, 독서 마인드맵에 문장을 그대로 옮겨 적을 수도 있으니까요. 책의 일부만 마인드맵으로 정리하는 경우도 있고요. 다만, 일반적으로 독서 노트는 책 속 일부분, 문장 하나에 더 초점을 맞춰서 음미하는 데 적합하고, 독서 마인드맵은 책 전체 구성과 내용 간의 관계를 파악하는 데 적합하다는 의미입니다.

독서 노트와 독서 마인드맵, 두 가지를 다 해야 할까요? 보통은 독서 노트만 쓰는 것으로 충분합니다. 그런데 책 내용이 평소 관심이 있던 주제이거나 공부나 업무에 필요해서 책 전체를 씹어 먹고 싶을 때가 있잖아요? 책의 일부가 아니라 전체 흐름을 파악하고 싶을 때, 책에 담긴 정보를 나중에 활용하기 위해 정리해둘 필요가 있을 때 독서 마인드맵을 만들면 좋습니다. 그리고 독서 마인드맵을 만들 때 항상 책 전체를 모두 요약해야 하는 것은 아닙니다. 책의 일부분이라도 그 안에 담긴 정보를 목록화하여 정리해두고 싶을 때 독서 마인드맵을 만들어보세요.

독서 마인드맵을 몇 번 만들어보면 새로운 책을 접했을 때 독서 노트를 써야 할지, 독서 마인드맵으로 정리해야 할지 감이 올 것입니다. 정말 좋은 책이라면 둘 다 하고 싶을 때도 있겠죠?

독서 마인드맵 만들기

지금까지 읽은 책을 마인드맵으로 요약정리해봅시다.

1. 마인드맵 프로그램을 설치합니다.

Xmind, 알마인드, Thinkwise, Simple mind, ithoughts 등 다양한 마인드맵 프로그램 중에서 마음에 드는 것을 골라 설치합니다. 무료 버전을 깔아서 써보다가 마음에 들면 유료 버전을 구입해 사용하면 됩니다.

2. 밑줄 치며 읽은 책과 독서 노트에 적은 내용을 보며 마인드맵으로 책을 요약합니다.

3. 나의 생각, 할 일을 추가하여 독서 마인드맵을 완성합니다.

5장

메모 독서의 완성, 글쓰기

쓰기는 의식을 높인다.

충분히 살고 이해하려면 가까이 하는 것뿐 아니라

떨어져 거리를 두는 것도 필요하다.

이것이야말로 쓰기가 다른 어떠한 것 이상으로 의식에 제공해주는 것이다.

-《구술문화와 문자문화》, 월터 J. 옹

굳이 글을 써야 하는 이유

글을 꼭 써야 하는 것은 아닙니다. 작가, 기자 등 글로 먹고사는 직업이 아니라면 일을 하며 글을 써야 하는 상황은 별로 없습니다. 대부분의 사람이 평생 자기 글을 쓰지 않고 살아갑니다. 글을 쓰지 않아도 사는 데에는 지장이 없습니다. 그런데 굳이 글을 써야 하는 이유는 무엇일까요?

첫째, 전문가가 되기 위해서입니다. 텔레비전이나 잡지, 인터넷 매체 등에서 전문가라고 소개되는 사람들의 공통점은 해당 분야에 관한 글을 쓰는 사람들이라는 것입니다. 글을 쓰면 자신이 알고 있는 것을 다른 사람들에게 가르쳐줄 수 있습니다. 제대로 가르치기 위해서는 그 분야에 대해 철저히 알아야 합니다. 제대로 알지 못하면 좋은 글이 나올 수 없습니다. 전문가란 글을 쓸 수 있는 사람입니다. 전문가로 인정받기 위해서가 아니라, 전문가로 성장하기 위해서 우리는 글을 써야 합니다.

워드프레스로 큰 성공을 거둔 오토매틱 CEO 매트 뮬렌웨그는 《타이탄의 도구들》에서 이렇게 언급했습니다.

> 디지털 시대가 발전하면 할수록 글을 쓰는 사람이 기회를 얻게 될 것이다. 오늘날 큰 성공을 거둔 사람들 모두는 말하기와 글쓰기에 탁월한 실력을 갖추고 있음을 우리는 어렵잖게 발견한다. 글을 잘 쓰는 사람이 미래를 얻게 될 것이다.

둘째, 나 자신을 알기 위해서입니다. 몽테뉴는 《수상록》의 서문에 이렇게 썼습니다.

> 내가 묘사하는 것은 나 자신이다.

몽테뉴는 자기 자신을 더 잘 알기 위해 글을 썼습니다. 글을 쓰는 사람은 필연적으로 자신에 대해 묘사하게 되고, 그 결과 자기 자신을 더 잘 알게 됩니다. 《뼛속까지 내려가서 써라》의 저자 나탈리 골드버그는 다음과 같이 말했습니다.

쓰기 연습을 통해 우리는 삶을 버텨낼 힘을 얻고, 경험한 것에 대해 자신감을 갖게 되며, 자기가 가치 있는 삶을 살고 있다는 믿음을 키운다.

쓰는 사람은 자기 삶을 살아갈 수 있는 힘을 갖게 됩니다.

셋째, 책을 제대로 소화하기 위해서입니다. 책에서 얻은 생각을 내 삶에 통합하기 위해서는 글을 써야 합니다. 독서 노트를 쓰면 책을 읽으며 떠오른 생각들이 차곡차곡 모입니다. 생각의 조각들이 따로따로 흩어져 있는 상태로는 힘을 발휘할 수 없습니다. 생각의 조각을 서로 결합하고, 빠진 부분을 메꾸어 하나의 완성된 형태, 결론이 있는 이야기로 만들어야 합니다. 누군가에게 들려줄 수 있는 이야기여야 내 삶에도 통합시킬 수 있습니다. 생각을 구체화하고 이야기를 만들기 위해 필요한 것이 바로 글쓰기입니다. '책 읽기→ 독서노트 쓰기→ 글쓰기'의 3단계를 통해 하나의 주제가 내 안에 완전히 자리 잡게 됩니다. 글쓰기는 메모 독서의 완성입니다.

넷째, 자신의 경험으로 다른 사람들에게 도움을 주기 위해서입니다. 전기 작가 슈테판 츠바이크는 "자신의 삶을 서술하는 것이 모든 사람을 위해 사는 것"이라고 말합니다. 내가 경험한 것을 글로 쓰면 누군가는 그 글을 읽고 도움을 받게 됩니다. 설령 자기 자신을 위해 글을 썼다 하더라도, 결과적으로 글을 쓰는 사람은 다른 사람들을 돕게 됩니다. 첫 번째 책인《메모 습관의 힘》을 출간한 이후 인터넷에 책 이름을 검색해보니 3,000개 이상의 리뷰가 올라와 있었습니다. 제 자신의 경험을 서술했을 뿐인데, 많은 분에게 도움을 주게 된 것이죠. 글쓰기는 이기적이면서 동시에 이타적인 활동입니다.

쓰는 사람의 마음에는
물음표가 있다

　　　　　　　　　글쓰기의 필요성을 알고 있어도 실제로 글을 쓰는 사람은 많지 않습니다. 왜 그럴까요? 이유는 간단합니다. 글쓰기가 쉽지 않기 때문입니다. 우리는 학교에 다닐 때 글쓰기 방법을 제대로 배운 적이 없습니다. 사회에 나와서도 글을 쓸 기회가 없죠. 글을 잘 쓰지 못하는 것이 당연합니다. 그래서 사람들은 글쓰기 방법을 알려주는 책이나 강좌를 찾고,《유시민의 글쓰기 특강》,《대통령의 글쓰기》같은 책을 읽겠죠.

　　강원국 작가가 한 방송에 나와 "유시민 작가의 글쓰기 특강은 크게 도움이 안 됩니다"라고 이야기하는 장면을 본 적이 있습니다. 평범한 우리는 유시민 작가와 같은 수준이 아니기 때문에 그의 책이 도움이 안 된다고 우스갯소리로 한 말이죠. 저 역시 감히 강원국 작가의 글쓰기 역시 글 쓰는 사람이 되는 데에 별로 도움이 되지 않는다고 말하고 싶습니다.

글쓰기 책들은 근본적으로 한계가 있습니다. 글쓰기를 하겠다는 동기부여를 해주고, 더 좋은 글을 쓸 수 있는 방법은 알려줄 수는 있지만, 쓰지 않던 사람을 쓰는 사람으로 바꿔주지는 못합니다. 쓰는 사람이 되기 위해 필요한 결정적인 한 가지, 글의 소재 자체를 제공할 수는 없기 때문입니다.

그렇다면 쓰는 사람은 무엇이 다를까요? 쓰는 사람의 마음속에는 물음표가 있습니다. 나탈리 골드버그는 《뼛속까지 내려가서 써라》에서 "작가란 결국 자신의 강박 관념에 대해 쓰게 되어 있다"라고 말했습니다. 작가는 자신을 괴롭히는 문제를 해결하기 위해 글을 씁니다. 해결하고 싶은, 아니 해결하지 않으면 안 되는 질문이 머릿속을 가득 채우고 있는 사람이 글을 씁니다. 지금까지 여러분의 마음속에 한 번도 글을 쓰고 싶다는 충동이 일지 않았다면, 필사적으로 해결하고 싶은 문제가 없었기 때문일지도 모릅니다.

물음표가 어떻게 쓰는 사람을 만들까요? 물음표를 시계 방향으로 180도 돌리면 낚싯바늘 모양이 됩니다. 물음표라는 생각의 낚싯대를 드리우고 살아야 물고기가 잡히죠. 일상의 경험에서 글의 재료를 발견할 수 있습니다. 아무리 낚싯대를 오래 붙들고 있어도 낚싯바늘 없이는 물고기를 잡을 수 없습니다.

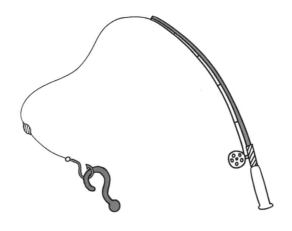

낚싯바늘에 걸리는 정보와 생각을 수집해야 합니다. 생각을 수집하고 연결하여 질문에 대한 답을 찾아가는 과정이 글쓰기입니다.

나를 위한
서평 쓰기

책을 읽고 쓰는 글이라고 하면 흔히 서평을 떠올립니다. 서평은 책 소개를 목적으로 책에 대한 정보, 내용 요약과 함께 객관적인 평가를 담는 글이죠. 서평은 읽는 이로 하여금 책을 읽게 하거나 읽지 않도록 설득하기 위해 책에 대한 객관적인 정보와 평가를 제공해야 합니다. 책 내용을 요약해야 하고, 저자의 생애와 책이 해당 분야에서 갖는 위상에 대해서도 조사해야 합니다. 처음 글을 쓰려고 시도하는 사람의 입장에서는 서평 쓰기가 부담스러울 수밖에 없습니다.

그래서 저는 '나를 위한 서평'을 썼습니다. 책에 대한 감상을 쓴 독후감도 아니었고, 남들에게 책을 소개하고 비평하기 위한 서평도 아니었습니다. 책을 읽으며 제가 가졌던 질문에 스스로 답을 찾고, 책을 통해 얻은 생각을 제 삶에 적용하기 위해 글을 썼습니다. 누군가에게 보여주기 위한 서평이 아니라 '나를 위한 서평'을 썼습니다.

질문 만들기

제가 블로그에 쓴 '베스트셀러의 평점이 낮은 이유'라는 글을 예로 들어보겠습니다. 이 글은 제가 온라인 서점에서 《메모 습관의 힘》의 독자 평을 보다 떠올린 질문에서 시작되었습니다. 독자 리뷰를 보는데 악평을 단 분들이 꽤 있더라고요. 그렇게 잘 썼다고 생각하지는 않지만 악평을 받을 만한 정도는 아닌 것 같은데 말이죠. 그런데 다른 베스트셀러 역시 마찬가지였습니다.

《지적 대화를 위한 넓고 얕은 지식》에는 "이런 책을 읽는 것은 시간 낭비"라는 독자 평이 달려 있었습니다. 그다지 인기가 없어 보이는 책들의 평점은 보통 9~10점인 반면, 베스트셀러의 평점은 대부분 8점이었습니다. 이런 질문이 떠올랐습니다.

'베스트셀러는 왜 독자 평점이 낮을까? 베스트셀러에 악평을 남기는 사람들의 심리는 무엇일까?'

질문에 관련된 내용 찾기

머릿속에 물음표가 있으면 책을 읽을 때 낚싯바늘로 작동합니다. 저널리스트 데릭 톰슨이 쓴 《히트 메이커스》라는 책을 읽고 있는데

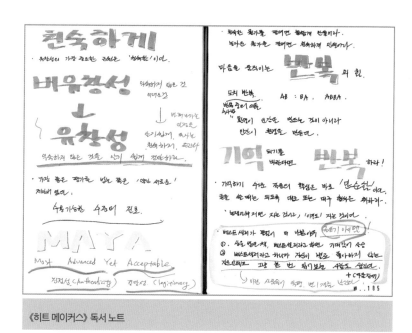

《히트 메이커스》 독서 노트

베스트셀러에 악평을 다는 사람들의 심리에 관한 부분이 눈에 확 들
어오더군요. 얼씨구나 하고 독서 노트에 그 부분을 옮겨 적었습니다.

독서 노트에 메모한 내용과 제 생각을 결합하여 블로그에 글을
썼습니다. 제가 쓴 책에 악평을 달았던 사람들의 심리를 이해하고
싶었던 제 궁금증을 해결한 것이죠.

'코인충을 욕하는 사람들의 심리'라는 글도 같은 방식으로 썼습니
다. 인터넷 포털 사이트에서 암호화폐에 관한 기사를 보면 암호화폐
에 투자하는 사람들을 '코인충'이라 부르며 욕하는 댓글이 엄청나게
많습니다. 설령 암호화폐를 사고파는 사람들이 '투기'를 하고 있다

고 해도 실패하면 본인의 돈을 잃을 뿐입니다. '코인충'을 욕하는 사람들에게 돈을 물어달라고 하지 않죠. 머릿속에 이런 질문이 떠올랐습니다.

'본인에게 아무런 해를 끼치지 않는데 사람들은 왜 로그인을 하고 댓글을 다는 귀찮음을 무릅쓰면서까지 코인충을 욕하는 것일까요?'

켄 윌버의 《무경계》를 읽고 있는데 저의 이 질문에 답을 줄 수 있는 내용이 또다시 물음표 낚싯대에 걸렸습니다. 마녀사냥과 투사의 메커니즘에 관한 부분을 발견해 열심히 밑줄을 치고, 독서 노트에 옮겨 적었습니다. 그리고 독서 노트에 정리한 페르소나와 그림자, 투사에 관한 내용을 가지고 글을 썼고, '코인충을 욕하는 사람들의 심리'에 관한 제 질문에 대한 답을 찾을 수 있었습니다.

《무경계》
독서 노트

글쓰기가 어려운 분들은 질문을 가지고 책을 읽어보세요. 그리고 꾸준히 독서 노트를 써보세요. 독서 노트에 생각이 쌓이면 자연스럽게 글로 표현하고 싶어질 것입니다. 내 생각을 글로 구체화시키고 싶은 욕망이 생깁니다. 메모 독서가 여러분을 쓰는 사람으로 만들어 줄 것입니다.

잘게 쪼개면
글쓰기가 쉬워진다

거대한 문제는 어떻게 해결할 수 있을까요? 문제를 잘게 쪼개면 됩니다. 문제의 크기가 줄어들면 좀 더 쉽게 해결할 수 있습니다. 글쓰기도 마찬가지입니다. 글쓰기가 어렵게 느껴지는 것은 글 전체를 한꺼번에 써야 한다고 생각하기 때문입니다. 글쓰기라는 과제를 잘게 쪼개 하나씩 해결하면 글쓰기가 쉬워집니다.

STEP 1. 질문을 만들자

글쓰기는 내가 만든 질문의 답을 찾는 과정입니다. 내가 해결하고 싶은 문제가 무엇인지부터 써보세요. 좋은 질문이 좋은 글을 만듭니다. 글을 쓰기 전에 질문부터 명확하게 만들어보세요.

제가 썼던 글을 예시로 들어보겠습니다. 글은 다음 질문에서 시작되었습니다.

질문: 행복한 관계를 오래 지속시킬 수 있는 방법은 무엇일까?

STEP 2. 핵심 문장을 써보자

글의 주제를 담은 가장 중요한 문장을 '핵심 문장'이라 부릅니다. 앞 단계에서 만든 질문의 답을 한 문장으로 써봅시다.

핵심 문장(주제): 행복한 관계를 오래 지속시키는 비결은 서로를 성장시키는 관계를 만드는 데 있다.

지금 단계에서는 핵심 문장의 내용이 틀려도 됩니다. 글을 쓰기 전에 임시로 세우는 가설이라고 생각하세요. 글을 쓰다가 수정하더라도 일단 현시점에서 내 생각을 써보는 것이 중요합니다.

STEP 3. 글의 설계도를 그리자(개요 짜기)

핵심 문장을 만들었으면 이제 그 결론으로 가기 위한 징검다리를 놓을 차례입니다. 글의 개요를 짜보는 것이죠. 기계 장치를 만들 때 부품을 먼저 만들고 그 부품을 모아 조립하죠? 글도 마찬가지입니

행복한 관계를 지속하는 비결

- 질문
  - 행복한 관계를 오래 지속시키는 방법은 무엇인가?
- 나의 해답 (핵심문장)
  - 행복한 관계를 오래 지속시키는 비결은 서로를 성장시키는 관계를 만드는데 있다.
- 개요
  - 도입
    - 영화 위플래시 이야기
      - 애정 문제가 아니라 성장 욕구로 인해 관계가 깨진다
  - 전개
    - 오래가는 관계의 비밀
      - 자기 확장에 관한 연구 내용 소개
      - 행복한 관계를 오래 지속시키는 비결은 상호 성장에 있다.
  - 본론
    - 나쁜 관계, 좋은 관계
      - 어느 한 쪽만 성장하는 관계는 나쁘다
      - 두 사람 모두 성장하는 관계가 이상적이다
    - 이상적인 관계의 조건
      - 사례 - 페이스북 셰릴 샌드버그와 남편의 관계 이야기
      - 양쪽이 똑같이 성장하는 결과가 중요한 것이 아니라, 관계에서 권력을 독점하지 않고 상대의 성장 욕구 역시 존중하겠다는 의도가 중요하다
  - 결론
    - 관계를 지속시키는 힘
      - 관계를 지속시키는 힘은 상대의 성장을 북돋워 줄 목적으로 자기 자신을 확대해 나가려는 의도, 즉 사랑이다.

다. 글의 부속품이 될 내용(item)의 목록을 만들어야 합니다. 글에서 하나의 단락이 될 내용의 목록을 만들고, 그 단락의 핵심 문장을 써야 합니다.

글의 개요를 짤 때는 일단 생각나는 대로 써보고, 앞뒤로 내용의 순서를 바꿔가며 여러 가지 글의 흐름을 시험해보는 것이 좋습니다. 그때 유용한 도구가 아웃라이너(outliner)와 마인드맵 앱입니다. 위의 글은 아웃라이너 앱인 dynalist(http://dynalist.io/)에서 만든 '행복한 관계를 오래 지속하는 비결' 글의 개요입니다.

건축물을 지을 때 설계도가 필요하듯, 글을 쓸 때도 설계도가 필요합니다. 개요 짜기는 글의 설계도를 만드는 일입니다. 설계도가 있으면 글을 단락별로 나눠 쓸 수 있게 됩니다. 개요 목록을 보며 한 단락씩 써나가면 되니까요. 큰 문제를 쪼개 작은 문제로 만드는 것입니다. 개요 짜기를 해두면 긴 글을 쓰는 것이 쉬워집니다. 글의 짜임새가 더 좋아지는 효과도 있습니다.

개요 짜기에 쓸 수 있는 아웃라이너 앱으로는 workflowy, dynalist, omni outliner 등이 있습니다. 저는 무료 버전으로 써도 만들 수 있는 항목의 수가 무제한인 dynalist를 추천합니다. dynalist는 목록을 주제에 따라 개별 문서로 만들 수 있고, 폴더도 지원해 용도별로 목록을 분류해 관리하기 편합니다. 사용법 역시 어렵지 않습니다. tab과 shift-tab, enter 키만 사용해도 쉽게 계층형 목록을 만들 수 있습니다. 앱에서 제공하는 help창의 단축키를 참고하여 사용해보세요.

글의 설계도 만드는 방법

- 진짜 하고 싶은 말 파악하기(핵심 문장 써보기)
- 문제를 잘게 쪼개기(단락으로 나누기)
- 하나씩 해결하기(단락 하나씩 내용 전개하기)
- 일단 쓰고 분류하기
- 여러 가지 순서로 조합해보기

메모 독서를 활용한
글쓰기 5단계

   '베스트셀러의 독자 평점이 낮은 이유'를 예시로 메모 독서를 통해 글을 쓰는 과정을 간략하게 보여드리겠습니다.

글쓰기 1단계: 질문 만들기

   글쓰기의 시작은 질문입니다. 해결하고 싶은 문제를 질문으로 만들어 머릿속에 넣고 다녀야 합니다. 온라인 서점의 독자 리뷰를 보다 베스트셀러의 평점이 유독 낮은 것을 발견하고 다음과 같은 질문을 만들었습니다.

'베스트셀러는 왜 독자 평점이 낮을까?'

'베스트셀러에 악평을 남기는 사람들의 심리는 무엇일까?'

글쓰기 2단계: 자료 조사, 글의 소재 메모하기

책을 읽다 내가 품고 있던 질문에 연결되는 내용을 발견하면 독서 노트에 메모하고, 독서 마인드맵으로 요약정리합니다. 《히트 메이커스》에서 베스트셀러에 악평을 다는 사람들의 심리에 관한 부분을 발견하여 독서 노트에 옮겨 적었습니다.

글쓰기 3단계: 글의 설계도 작성하기(개요 짜기)

글에서 이야기하고 싶은 바를 핵심 문장으로 쓰고, 글의 개요를 작성합니다. 글의 개요를 작성할 때는 마인드맵이나 아웃라이너 프로그램을 주로 사용합니다. 다음은 dynalist를 이용하여 작성한 글의 개요입니다.

베스트셀러의 독자 평점이 낮은 이유

- 질문
  - 베스트셀러는 왜 독자 평점이 낮을까?
  - 베스트셀러에 악평을 남기는 사람들의 심리는 뭘까?
- 나의 해답(핵심 문장)
  - 베스트셀러의 독자 평점에는 좋은 평가와 나쁜 평가가 공존할 수 밖에 없는 이유가 있다.
  - 소수의 나쁜 평가를 가지고 베스트셀러를 읽지 않는 것은 좋은 책과 만날 기회를 잃어버리는 것이다.
- 개요
  - 서론
    - 베스트셀러의 평점이 8점대로 낮은 경우가 많다.
      - 사례 - 지대넓얕, 채식주의자
      - 사례 - 온라인서점 베스트셀러 평점 스크린샷
  - 본론
    - 베스트셀러의 독자 평점이 낮은 4가지 이유
      - 독자의 기대감 상승
      - 베스트셀러라고 호기심에 사보는 독자 발생
      - 악평을 남기고 만족감을 느끼는 사람들
      - 인기가 높아지는데 따르는 대중의 반감
    - 평점이 높다고 반드시 좋은 책은 아니다
      - 판매량은 적지만 평점이 좋은 책의 이유
      - 출판사의 평점 조작, 서평 이벤트
    - 현명한 독자의 리뷰 이용법
      - 평점 숫자로만 판단하지 않는다
      - 평점을 준 이유를 파악하기
      - 리뷰 한 두개로 판단하지 않기.
      - 취향/목적이 비슷한 독자의 평점을 확인
  - 결론
    - 베스트셀러는 좋은 평가와 나쁜 평가가 공존
    - 낮은 평점 때문에 읽기를 포기하면 안됨.
    - 독자 평을 꼼꼼하게 읽고 판단하는 것이 필요

글쓰기 4단계: 설계도에 따라 초안 작성하기

작성한 개요를 참고하며 한 단락씩 글을 씁니다. 서브 모니터에 개요를 띄워놓거나, 아래와 같이 화면을 반으로 갈라 개요와 글쓰기 프로그램을 같이 띄워놓으면 작성하기 편리합니다.

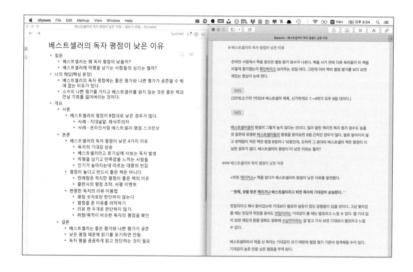

글쓰기 5단계: 퇴고, 이미지 첨부하기

초안을 다시 읽어보며 퇴고를 하고, 글의 논리적 흐름이 자연스러운지 살펴봅니다. 문장을 가다듬고, 삭제해도 되는 부분을 찾아 군더더기를 줄입니다. 이미지가 필요하다고 판단되면 책 내용에 맞는 이미지를 찾아 적절한 위치에 삽입합니다.

맞춤법도 다시 점검할 필요가 있습니다. 최종적으로 맞춤법/문법 검사 서비스를 이용하는 것이 좋습니다.

나를 위한 글쓰기에서
남을 위한 글쓰기로

글을 쓰고 싶어 하는 사람들이 늘고 있습니다. 블로그에 글을 올리며 언젠가는 자기 책을 쓰는 날을 꿈꾸는 사람도 많습니다. 그런데 그중 대부분은 얼마 지나지 않아 포기하고 맙니다. 왜 그런 것일까요? 블로그에 올린 글의 조회 수가 늘지 않기 때문입니다. 읽어주는 사람이 없으면 계속해서 글을 쓰는 것이 어렵습니다.

'나를 위한 글쓰기'로 시작해서 '남을 위한 글쓰기'로 나아가야 합니다. '남을 위한 글쓰기'가 되어야 독자가 늘고, 독자가 늘어야 글을 쓰는 사람이 계속해서 힘을 받을 수 있습니다. '남을 위한 글쓰기'는 독자들을 위해, 지속적인 글쓰기를 위해 반드시 필요한 목표입니다.

'남을 위한 글쓰기'로 변화하는 것은 '나를 위한 글쓰기'를 버리는 것이 아닙니다. 성장은 이전 단계를 포함하면서 초월하는 것입니다. '나를 위한 글쓰기'를 하면서 '남을 위한 글쓰기'도 할 수 있는, 더 확장된 단계로 성장하는 것입니다.

나와 세상의 교집합 주제 찾기

'나를 위한 글쓰기'에서 '남을 위한 글쓰기'로 나아가기 위해서는 글의 내용부터 달라져야 합니다. 글의 주제를 정할 때 '나'의 관심사와 '세상(타인)'이 필요로 하는 것과의 교집합을 찾아야 합니다.

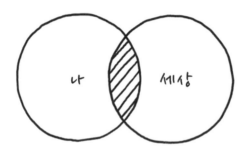

나는 정말 좋아하지만 다른 사람들은 관심을 두지 않는 주제라면 읽어주는 사람이 적을 것입니다. 내가 쓴 글이 세상에 가치를 만들어내기도 어렵겠죠. 많은 사람이 좋아하는 분야여도 내 관심사가 아니라면 피해야 합니다. 잠깐의 인기를 노리고 쓸 수 있을지는 몰라도 오랫동안 흥미를 느끼고 글을 쓸 수는 없을 것입니다. 나와 세상의 관심사가 교집합이 되는 주제를 정해야 글을 쓸 때 나 자신도 성

장하고 다른 이들에게도 가치를 줄 수 있습니다.

공유되는 글의 특징

《히트 메이커스》는 히트 상품이 만들어지는 과정을 파헤친 책입니다. 글쓰기 방법을 알려주는 책은 아니지만 '남을 위한 글쓰기'에 도움이 되는 인사이트가 담겨 있습니다.

'어떻게 하면 수많은 사람이 공유하는 무언가를 만들어낼 수 있을까?'

글을 쓸 때 이 질문에 대한 답을 적용한다면 베스트셀러를 만들어낼 수 있지 않을까요?

히트 상품의 비밀은 MAYA(Most Advanced Yet Acceptable)에 있다고 합니다. 수용 가능한 수준에서 최대한 진보적인 상품이 히트 상품이 됩니다. 사람들은 친숙하면서도 놀라운 것에 반응합니다. 글도 마찬가지입니다. 많이 공유된 글, 베스트셀러가 된 책의 특징은 친숙함과 놀라움이 적당한 비율로 잘 배합되어 있다는 것입니다.

글의 내용이 아무리 새롭고 놀라워도 이해하기 어렵다면 공유되지 않습니다. 내가 쓴 글이 많은 독자에게 읽히기 바란다면 독자가 친숙하게 받아들일 수 있어야 합니다.

스티븐 킹은 《유혹하는 글쓰기》에서 이렇게 말했습니다.

처음부터 마음을 사로잡고 놓아주지 않아서 끝까지 책장을 넘기게 만드는 그런 소설이 되려면 책 속에 나오는 등장인물이나 그들의 행동이나 주변 환경이나 대화 내용 등이 독자들에게 어쩐지 낯익은 것들이어야 한다고 나는 생각한다. 이야기의 내용이 독자 자신의 삶과 신념 체계를 반영하고 있을 때 독자는 이야기에 더욱더 몰입하게 된다.

스티븐 킹이 수많은 베스트셀러를 쓸 수 있었던 것은 친숙함으로 독자를 끌어온 다음 놀라움(반전)을 주는 방법을 알았기 때문입니다. 그렇다고 해서 친숙함만 있어도 안 됩니다. 독자들은 아무리 글이 이해하기 쉬워도 이미 다 알고 있는 내용이라면 남는 게 없다고 생각하고 글을 공유하지 않을 것입니다.

친숙함과 놀라움을 다른 말로 표현하면 대중성과 진정성입니다. 널리 공유되는 글은 대중성과 진정성을 겸비해야 합니다. 대중성이 있어야 많은 독자에게 전파될 수 있고, 진정성이 있어야 독자를 변화시킬 수 있습니다. 대중성만 있으면 잠깐 인기를 끌 수는 있을지 몰라도 금방 잊히고, 진정성이 높아도 대중성이 부족하면 독자에게

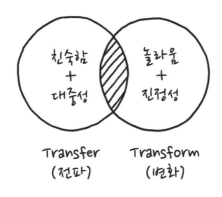

Transfer
(전파)

Transform
(변화)

- 남을 위한 글쓰기 = 공유되는 글쓰기
- 친숙함과 놀라움 = 대중성과 진정성
- most advanced = 놀라움 + 새로움 = 독자를 변화시킬 수 있는가 = transform = 진정성
- yet acceptable = 친숙함 + 쉬움 = 독자에게 받아들여질 수 있는가 = transfer = 대중

도달하지 못합니다. 《미움받을 용기》나 《지적 대화를 위한 넓고 얕은 지식》과 같은 책은 대중성과 진정성을 겸비하였기에 베스트셀러가 된 것입니다.

글쓰기의 목적이 독자를 새로운 사람으로 변화하게끔 만드는 것이라면 어느 쪽이 옳은 선택일까요? 어렵게 쓰여야 수준 높은 글이 아닙니다. 잘 읽히기 위해 쉽고 재미있게 쓰였으면서도 새로운 세계를 보여주는 글이 수준 높은 글이고, 진정으로 '남을 위한 글'입니다.

지금 내가 쓰는 글이
미래의 나를 만든다

저는 책을 읽을 때마다 매번 서평을 쓰지는 않습니다. 저에게 질문을 던지는 책, 제 삶의 문제를 해결하는 힌트가 담겨 있는 책을 만날 때만 글을 썼습니다. 그래서일까요? 블로그에 올린 서평이 많지는 않지만, 그 글들 하나하나가 제 삶에 큰 영향을 끼쳤습니다.

2011년 5월 《토요일 4시간》이라는 책을 읽었습니다. 이 책은 주말에 뭘 했는지도 모를 정도로 헛되이 보내고 마는 우리 대부분의 주말 모습을 지적하면서, '토요일 4시간'만큼은 인생을 풍요롭게 만드는 데 쓰자고 말합니다. 책의 내용을 바탕으로 블로그에 성공적으로 주말을 보내는 시간 관리법에 관한 글을 썼습니다. 이 글을 쓰면서 저는 토요일에 어떻게든 4시간을 확보해서 매주 블로그에 글을 올리겠다고 결심했습니다. 제가 직장 생활을 하면서도 꾸준히 자기 계발을 할 수 있었던 것은《토요일 4시간》서평을 쓰면서 주말 시간을 활용하는 삶을 시작한 덕분이었습니다.

2011년 7월에 읽은《1만 페이지 독서력》은 저를 다독의 세계로 이끈 고마운 책입니다. 책에서 알려준 방법을 참고하여 엑셀로 독서 목록 양식을 만들었고, 이 양식을 다른 분들도 다운받아서 쓸 수 있도록 블로그에 공유했습니다. 이때부터 읽은 책을 스프레드시트에 목록으로 기록하기 시작했어요. 독서 목록 기록을 통해 독서 습관이 만들어졌고, 다독의 단계로 진입할 수 있었습니다.

다음은 2012년 5월 사사키 아타루의《잘라라, 기도하는 그 손을》읽고 쓴 서평의 일부입니다.

"책은 읽을 수 없습니다. 읽을 수 있다면 미쳐버립니다. 하지만 그것만이 읽는다는 것입니다."

그에게 책이라는 것은 반복해서 읽지 않으면 읽을 수 없는 것이며, 읽어버리고 말면 미쳐버릴 수밖에 없는…. 이전과는 완전히 다른 사람으로 변하게끔 하는 것, 최후에는 고독한 싸움으로 이끄는 것이기 때문입니다. 이 책은 책 읽기의 중요성을 설파하는 다른 책들과는 전혀 다른 형식이지만 어떤 다른 책보다 저에게는 강력한 동기부여를 해주네요. 책 좋아하시는 분들에게 추천합니다. 신선한 충격을 받으시리라 믿습니다. 읽어버렸기 때문에 쓸 수밖에 없는 그런 날을 고대하며…

오랜만에 제가 쓴 서평을 읽으면서 약간 오글거리기도 했지만, 과거의 제 모습에서 책과 글쓰기에 대한 열망을 보게 되어 입가에 미소가 지어졌습니다. 전혀 기억하지 못하고 있었거든요. 제가 지금 책 읽기를 좋아하고 글 쓰는 사람이 된 것은 7년 전에 《잘라라, 기도하는 그 손을》 읽고 서평을 쓴 덕분이었습니다. 이렇게 서평은 과거의 나와 만날 수 있는 통로가 되기도 합니다.

또 2013년 2월에 만난 《탁월한 아이디어는 어디서 오는가》라는 책을 통해 창의성을 발휘하는 데 기록의 중요성을 깨달았습니다. '다윈의 노트에서 찾은 창의성의 비밀' 글을 쓰면서 마지막 부분에 이렇게 적었습니다.

다윈의 노트에서 찾은 창의성의 비밀은 의외로 단순합니다. 단순하지만 누구나 하고 있지는 않는 일입니다. 가능한 모든 것을 노트에 적으세요. 노트를 자주 반복해서 다시 읽고, 숙고하는 시간을 가지세요. 노트라는 숲에서 마음대로 산책을 하세요.

이 글을 쓰고 저는 단순하지만 누구나 하고 있지는 않는 일을 합니다. 글에서 시키는 대로 가능한 한 모든 것을 노트에 적고, 다시 읽고, 숙고하는 날들을 지속해나갔습니다. 그 결과 저의 첫 번째 책 《메모 습관의 힘》이 나올 수 있었으며, 지금 이 책도 쓰고 있습니다.

글은 독자를 위해 쓰는 것이라고 합니다. 독자에게 새로운 시각을 갖게 하고, 독자의 삶에 변화를 주는 것이 글쓰기의 목적입니다. 그런데 내가 쓰는 글의 첫 번째 독자이면서, 가장 성실한 독자는 바로 '나'입니다. 초고를 쓰고, 퇴고하는 과정 중에 글쓴이는 자신의 글을 반복해서 읽을 수밖에 없으니까요. 내가 쓴 글을 통해 가장 큰 영향을 받는 독자는 바로 '나'입니다. 이것이 바로 글쓰기를 통해 글쓴이 본인의 삶이 바뀌는 이유입니다.

글쓰기는 책과 삶을 연결하는 방법입니다.

여러분의 가슴에 울림을 주는 책을 만나게 되면 글을 꼭 써보세요. 지금 내가 쓰는 글이 미래의 나를 이끌어줍니다. 글을 쓰면 이전보다 더 나은 사람이 됩니다. 사람은 자신이 쓴 글을 닮아갑니다.

메모 독서로 글쓰기

메모 독서를 하며 읽은 책을 가지고 '나를 위한 서평'을 써봅시다.

1. 질문 만들기

머릿속에 맴돌며 떠나지 않는 생각이 있나요? 궁금증을 풀고 싶은 문제가 있나

요? 요즘 나를 힘들게 하는 것은 무엇인가요? 독서 노트와 독서 마인드맵을 보

며 내 삶과 연결되는 질문을 찾아보세요. 글쓰기로 해결하고 싶은 문제를 질문으

로 만들어보세요.

2. 핵심 문장(주제) 쓰기

글을 통해 내가 말하고 싶은 것은 무엇인가요? 정답이 아니어도 괜찮습니다. 가

설을 만들어봅시다. 내가 표현하고 싶은 생각을 한 문장으로 써보세요.

3. 글의 설계도 작성하기(개요 짜기)

결론(핵심 문장)으로 가기 위해 어떤 근거가 필요할까요? 어떤 흐름으로 글을 전

개해나갈지 생각해봅시다. 마인드맵이나 아웃라이너 프로그램을 활용해 작성해

보세요.

4. '나를 위한 서평' 쓰기

작성한 개요를 설계도로 삼아 글을 써보세요. 설계도를 무조건 똑같이 따라 써야

하는 것은 아닙니다. 글을 쓰다가 설계도에 없는 내용이 떠오르면 설계도를 고쳐

나가며 쓰면 됩니다.

5. 소셜미디어에 공유하기

블로그나 SNS에 글을 공유하세요. 여러 사람이 보아야 글을 더 신경 써서 쓰게

되고, 독자들의 피드백을 받으면 글쓰기 실력이 향상될 수 있습니다.

6장

읽는 사람에서
쓰는 사람이 되는
메모 독서 습관

어떤 일이 하고 싶다면, 일단 해보자.

해보고 나면 어떤 식으로든 우리는 달라져 있을 테니까.

결과가 아니라 그 변화에 집중하는 것, 여기에 핵심이 있다.

－《소설가의 일》, 김연수

매일 읽는 사람으로
거듭나는 전략

       책에 밑줄을 긋고 메모하는 것에서부터 독서 노트 쓰기, 독서 마인드맵 만들기, 메모 독서로 글쓰기까지 살펴보았습니다. 이제 여러분에게 필요한 것은 무엇일까요? 메모 독서를 실천하며 몸에 배도록 습관으로 만드는 것입니다. 한두 번 해보는 것으로 메모 독서를 내 것으로 만들 수 없으니까요. 메모 독서가 습관이 될 때까지 적어도 3개월 이상 꾸준히 독서 노트를 써야 합니다.

    메모 독서 습관을 만들기 전에 먼저 해야 할 것이 있습니다. 바로 읽는 사람이 되는 것이죠. 꾸준히 책을 읽어야 독서 노트도 쓰고, 마인드맵도 만들 수 있습니다. 독서 습관을 만드는 방법부터 알아봅시다.

1. 독서 습관 목표 세우기

어떤 일을 습관으로 만들기 위해서는 목표를 정해야 합니다. 체중을 줄이고자 할 때 목표 체중을 정하는 것처럼 독서 습관을 만들기 위해서는 독서량에 관한 목표를 세워야 하죠. 독서 습관 목표는 두 가지 방향으로 정할 수 있습니다.

- 책 권수를 목표로 정하기(ex. 매주 한 권, 한 달에 두 권, 1년에 50권)
- 책 읽는 시간을 목표로 정하기(ex. 매일 30분, 1시간씩 일주일에 3일 이상)

독서 습관 목표를 책 권수로 정할 경우, 주의할 점이 있습니다. 쉬운 책을 많이 읽는 달은 상관없지만, 읽는 데 시간이 오래 걸리는 어려운 책을 선택하게 되면 목표를 달성하기 어렵겠죠. 읽은 책 권수를 늘리기 위해 쉬운 책만 선택할 수도 있습니다. 그래서 책 권수를 목표로 삼을 때는 대략 그 정도 양을 읽겠다는 마음가짐을 가져야지, 권수를 정확히 지키겠다고 집착해서는 안 됩니다.

책 읽는 시간을 목표로 삼는 것도 좋습니다. 읽은 책의 권수에 구애받지 않고 독서 습관을 만들 수 있습니다. 하루 1시간도 좋고, 15분도 좋습니다. 책 읽는 시간의 길이보다 매일 읽는다는 것이 중요합니다. 각자 개인 사정에 맞게 하루 목표 독서 시간을 정해보세요.

2. 책 읽는 시간 고정하기

목표 독서 시간을 정했나요? 독서를 꾸준히 하기 위해서는 하루 중 책 읽는 시간을 미리 정해두는 것이 중요합니다. 여유 시간이 생길 때 독서를 하겠다고 생각하면 책을 읽지 못하고 넘어가는 날이 많이 생길 것입니다. 정해진 시간에는 무조건 독서를 하겠다고 다짐하고, 시간을 고정하세요. 가능하면 회사 업무나 다른 일 때문에 방해받지 않을 수 있는 시간대로 정하는 것이 좋겠죠?

- 출근하기 전 15분
- 출퇴근 시간 20분
- 점심시간 30분
- 잠들기 전 30분

본인이 아침형 인간이라면 아침 시간대에, 밤에 여유가 있는 편이라면 잠들기 전에 책 읽는 시간을 정해놓고, 매일 그 시간에 책을 펼쳐보세요.

3. 자투리 시간 활용하기

바빠서 책 읽는 시간이 부족한 분들은 자투리 시간을 활용하는 것이 좋습니다. 약속 시간보다 먼저 도착해서 시간이 남을 때, 출퇴근을 위해 이동 중일 때 책을 읽는 것이죠. 가방에 책을 넣어 가지고 다니는 것이 중요합니다. 종이책을 가지고 다니는 것이 번거롭고 무겁다면 스마트폰을 이용해 전자책을 읽는 것도 한 방법입니다.

4. 독서 목록 만들기

저는 2012년부터 독서 목록을 작성하고 있는데, 독서 습관을 만드는 데 큰 도움이 되었습니다. 독서 목록에는 아래와 같이 책 제목, 읽은 기간, 저자, 페이지 수, 별점 평가, 메모 독서와 서평 작성 여부 등의 정보를 적습니다.

No.	Start	End	Title	Author	Page	Read Page	Rating	State
30	03월 05일	03월 05일	내 안의 창조성을 깨우는 몰입	융홍식	470		★★★★	
31	03월 06일	03월 06일	2015 제 39회 이상문학상 작품집	김 숨 등	352			stop
32	03월 13일	03월 15일	단 (버리고, 세우고, 지키기)	이지훈	361	361	★★★	stop
33	03월 15일	03월 16일	미움받을 용기	기시미 이치로, 고가 후미타케	331	331	★★★★	F
34	04월 16일		음식의 언어	댄 주래프스키	408			
35	04월 16일		매달린 절벽에서 손을 뗄 수 있는가?	강신주	480		★★★★	
36	04월 20일	04월 21일	오사카 소년탐정단	히가시노 게이고	344	344	★★★	F
37	04월 22일		감정을 읽는 시간	클라우스페터 지몬	306			
38	04월 24일	04월 29일	왜 케이스 스터디인가	이노우에 다쓰히코	275	275	★★★★	F
39	03월 19일		파리의 심리학 카페	모드 르안	296	296	★★★★	F
40	03월 21일		비주얼 리더	데이빗 시벳	221		★★★	
41	04월 25일	04월 25일	쿨하게 생존하라	김 호	208	208	★★★★	F
42	04월 30일	04월 30일	나는 3D다	배상민	260	260	★★★	F
43	05월 07일		위로하는 정신	슈테판 츠바이크	174	174	★★★★★	2nd
44	05월 11일	05월 17일	생각은 죽지 않는다	클라이브 톰슨	456	456	★★★★	F
45	05월 12일	06월 08일	모든 것의 이론	켄 윌버	276	276	★★★★★	F
46	05월 28일	05월 28일	게임 경제학	이노우에 아키토	192		★★★	
47	06월 08일	06월 09일	7번 읽기 공부법	야마구치 마유	225	225	★★	F
48	06월 10일		최고들은 왜 심플하게 일하는가	마거릿 그린버그, 세니아 메이민	286			
49	06월 15일	06월 18일	켄윌버의 통합비전	켄윌버	240	240	★★★★★	2nd
50	06월 19일	06월 20일	유시민의 글쓰기 특강	유시민	292	292	★★★★★	F
51	06월 22일	06월 22일	상상하지 말라	송길영	280	280	★★★	F
52	06월 23일		담론	신영복	428			
53	06월 27일	07월 06일	인생의 고도를 바꿔라	베르트랑 피카르	360	360	★★★★★	F
54								

엑셀로 정리한 독서 목록

독서 목록을 연도별로 만들면 올해 현재 몇 권, 총 몇 페이지를 읽고 있는지를 언제든지 파악할 수 있습니다. 책을 읽고 독서 노트를 썼는지, 서평을 썼는지도 확인할 수 있습니다. 독서 생활의 발전 정

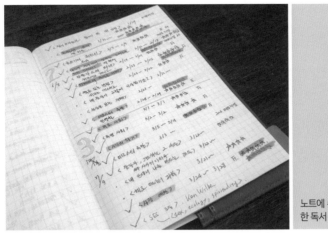

노트에 수기로 작성
한 독서 목록

도를 양적으로 확인할 수 있게 되는 것이죠. 읽은 책의 총 페이지 수
와 메모 독서를 하고 서평을 쓴 횟수가 점점 늘어가는 것을 보면 스
스로 성장하는 것을 깨닫게 됩니다.

독서 목록 작성 효과

- 독서량을 정량적으로 확인할 수 있다.
- 읽은 책 권수가 늘어나면 성취감을 느낄 수 있다.
- 어느 분야에 관심이 있는지 확인할 수 있다.
- 재독하거나 다른 사람에게 추천할 책을 고를 수 있다.
- 독서 습관이 자리 잡힌다.

독서 목록은 엑셀이나 구글 문서의 스프레드 시트에 작성해도 되고, 컴퓨터를 사용하는 것이 번거롭다면 노트에 간단히 손글씨로 기록해도 됩니다. 읽은 책의 목록을 확인할 수 있도록 기록한다는 것이 중요합니다. 독서 습관을 만들고 싶다면 독서 목록을 작성해보세요.

5. 자랑하기

새로운 습관을 만들려고 할 때 주변의 관심과 응원을 받으면 도움이 됩니다. 읽고 있는 책 표지나 밑줄 친 문장을 사진 찍어 SNS에 공유해보세요. '좋아요'도 받고, 지인들에게 책 추천도 할 수 있습니다. 지인들이 보이는 관심을 잘 이용하면 책을 꾸준히 읽는 데 도움이 됩니다. 저는 제가 읽고 있는 책 사진을 SNS에 자주 올립니다. 그것을 보고 지인들이 책을 구매해 읽으면 아주 뿌듯하답니다.

책을 꾸준히 읽는 사람에게 메모 독서의 효과는 더 크게 나타납니다. 지금부터라도 매일 책을 읽는 사람이 되겠다고 다짐해보면 어떨까요?

독서 모임으로
강제성을 부여한다

책 읽는 사람이 되겠다고 다짐했는데, 책을 꾸준히 읽는 것이 마음먹은 것만큼 잘 되지 않는다고요? 평일에는 일하느라 바쁘고, 주말에는 피곤해서 쉬어야 하기 때문에 책 읽을 시간을 내지 못하고 있다고요? 내재적 동기만으로 책 읽는 습관을 만드는 것이 힘들다면 외부에서 도움을 받으면 됩니다. 어쩔 수 없이 책을 읽게 만드는 환경을 만드는 것이죠. 제가 추천하는 방법은 독서 모임에 가입하는 것입니다.

저는 2016년에 독서 모임 활동을 시작했습니다. 2015년에《메모 습관의 힘》출간을 위해 주말마다 카페에 나가 종일 원고를 쓰는 생활을 했더니 책을 출간한 후에는 사람을 만나고 싶었어요. 그때 마침 새로 시작하는 독서 모임이 눈에 들어와 가입을 했습니다. 10명 정도의 회원이 2주에 한 번 모여 지정된 책을 읽고 이야기를 나누는 모임이었죠. 독서 모임에 나가니 혼자서 책을 읽는 것과 다른 독서의 즐거움을 느낄 수 있었습니다. 저는 독서 모임을 사랑하게 되었습니다. 독서 모임 활동을 하는 것이 너무 좋아 한때는 네 군데의 독서 모임을 동시에 나가기도 했습니다. 독서 모임에 어떤 매력이 있어 제가 이렇게 빠지게 되었을까요?

다양한 책을 만날 수 있다

혼자 책을 읽으면 나의 관심사에 맞는 책, 내가 좋아하는 분야의 책만 보게 됩니다. 그런데 독서 모임 활동을 하면 모임에서 선정한 책을 읽어야 하기 때문에 평소에는 읽지 않던 분야의 책, 처음 접하는 작가의 책을 읽게 되죠. 혼자서는 접할 수 없었던 새로운 세계를 만나게 되는 것입니다. 그로 인해 독서 경험이 풍부해집니다. 저는 독서 모임을 통해 전에는 관심이 없어 보지 않았던 경제, 역사 분야의 책을 읽게 되었습니다. 제 독서 범주에 빠져 있던 부분이 채워졌죠. 제가 참여하는 성장판 독서 모임의 후기를 보면 다른 분들도 저와 같은 경험을 하고 있었습니다.

- 독서 모임은 내가 보지 못하고, 생각하지 못했던 것을 공유할 수 있어서 참 좋다.

- 다양한 분야에 관심을 가지고 새로운 것을 시도하게 되었다.
- 굉장히 유의미한 변화가 많이 일어났다. 원래 소설, 에세이 등 가벼운 글 혹은 돌려 말하는 글을 좋아했는데, 지금은 다른 분야의 책도 눈여겨보게 되었다.
- 읽는 책의 분야가 다양해졌고, 글쓰기를 시작했으며, 이해관계 없는 새로운 인맥이 생겼다. 아, 색 예쁜 형광펜도 구입!

다양한 관점으로 책을 이해할 수 있다

독서 모임에 참여해보면 같은 책을 읽고도 사람마다 다르게 해석한다는 것을 알게 됩니다. 각자의 지식과 경험이 다르니 모인 사람들의 수만큼 다양한 시각으로 한 권의 책을 바라볼 수 있습니다. 10명이 모이면 책 한 권을 열 가지 관점에서 읽을 수 있는 것이죠.

- 독서 모임에 좀 더 적극적으로 참여해야겠다는 생각이 들었다. 다양한 의견, 깊이 있는 의견에 감동을 받았다.
- 함께 책을 읽으니 내 생각과 느낌에 빠지지 않아서 좋았다.
- 참여한 모든 사람이 진솔하게 자신의 의견을 말하고 공유하는 모습이 좋았다.
- 책을 읽고 느낌을 나눈다는 것이 얼마나 좋은 일인지 다시 한 번 깨달았다. 내가 알아차리지 못했던 부분들을 다시 한 번 돌아볼 수 있어 더욱 소중한 시간이었다.
- 책을 읽고 좋다 혹은 싫다와 같은 대략적인 평가(아마추어적)가 아닌 생각과 의견을 공유하여 시각을 넓힐 수 있었다.

삶이 더 행복해진다

프로이트는 사람이 행복하려면 세 가지가 필요하다고 말했습니다. 일, 사랑, 커뮤니티가 바로 그것이죠. 행복한 삶을 위해서는 커뮤니티 안에서 사람들과 교류하고, 인정받고, 소속감을 느끼는 것이 중요하다는 이야기입니다. 독서 모임에 참석하면 책 이야기는 물론, 다양한 이야기를 나눌 수 있습니다. 마음을 터놓고 대화를 나눌 수 있는 친구가 생기는 것이죠. 독서 모임에 참가한 사람들의 소감을 들어보면 독서 모임에 나오기 시작하면서 일상이 더 행복해졌다는 분들이 많습니다.

- 독서 모임에 처음으로 참석했다. 발제, 토론하는 분들의 열의에 좋은 기운을 받았다. 행복 성장 셀프 주유소에서 오늘 하루치의 기름을 잘 넣었다.
- 인간 본질과 사랑에 대해 이야기할 수 있어 기뻤다. 멤버들과 있어 행복한 시간이었다.
- 각박한 삶 속의 오아시스라는 생각이 든다.

독서 습관이 만들어진다

독서 모임에 나가기 위해서는 어쩔 수 없이 책을 읽어야 합니다. 한 달에 한 번 모이는 독서 모임에 참여한다면 적어도 한 달에 한 권은 읽게 되죠. 그리고 다른 회원이 추천하는 좋은 책들을 따라 사서 읽게 됩니다. 그러면 자연스럽게 독서량이 늘어나죠. 추천받은 책을 하나씩 사다 보면 사놓고 읽지 못하는 부작용이 생기기도 하지만 김영하 작가의 말처럼 읽을 책을 사는 게 아니고 산 책 중에 읽는 것이니까요.

독서 모임에 꾸준히 나가면 함께 읽기를 통해 성장하는 자신을 발견할 수 있습니다. 책을 통한 변화를 느끼게 되니 책을 더 열심히 읽게 되죠. 이러한 과정을 통해 독서 습관이 자리 잡습니다.

- '나'에 갇혀 있을 뻔한 위기를 독서 모임을 통해 극복할 수 있었다. 모임에 오신 분에게도, 모임을 만들어주신 분들에게도 감사 인사를 드리고 싶다.
- 독서 모임을 통해 책 읽는 습관을 얻었다.
- 책 쇼핑 중독증이 생겼다.

책 읽는 습관을 만들고 싶나요? 독서 경험을 풍부하게 만들고 싶나요? 더 행복해지고 싶나요? 독서 모임에 참여해보세요. 분명 후회하지 않을 것입니다.

책을 소화하는 능력을
키워주는 발제 준비

회원들이 돌아가며 책을 발제하는
독서 모임이 많습니다. 표준국어대사전에서 찾아본 발제의 사전적
정의는 다음과 같습니다.

발제(發題): 토론회나 연구회 따위에서 어떤 주제를 맡아 조사하고 발표함.

독서 모임에서 발제란, 책 내용을 요약정리하고, 자신의 해석을
덧붙인 자료를 만들어 발표하는 것을 말합니다. 토론할 주제, 문제를
제기하는 것도 발제에 포함됩니다. 발제가 있는 독서 모임의 경우,
보통 1부에 발제를 맡은 사람이 발표를 하고, 2부에 토론을 하는 순

서로 진행됩니다.

발제를 하기 위해서는 책을 꼼꼼하게 읽어야 하고, 자료를 만들기 위해서는 상당히 많은 시간을 써야 합니다. 짧게는 반나절, 길게는 며칠이 걸리기도 합니다. 발제를 듣는 사람은 좋지만, 발제를 하는 사람은 부담이 될 수밖에 없습니다. 보통 독서 모임은 회원들이 돌아가며 발제를 하니 발제가 있는 독서 모임에 참여하는 것을 망설이는 분들도 많더라고요. 가볍게 책을 읽고 소감을 나누는 독서 모임도 있으니 개인의 성향에 맞는 모임을 선택하면 됩니다.

발제를 하면 좋은 이유

저는 발제를 하는 독서 모임에 참여하는 것을 좋아합니다. 발제를 하면 책을 더 깊이 읽을 수 있거든요. 내가 발제를 맡았을 때는 책을 잘 소화해야 발제 자료를 만들 수 있기 때문에 평소보다 더 신경 써서 책을 읽게 되죠. 발제 자료를 만들려면 요약정리를 해야 하니 책 내용을 온전히 습득할 수 있습니다. 그냥 혼자 읽을 때보다 발제를 할 때 몇 배 더 깊이 있는 독서를 할 수 있습니다.

다른 사람의 발제를 통해서도 많은 것을 얻을 수 있습니다. 같은 책을 읽고 저 사람은 어떻게 정리했고, 어떻게 해석했는지 볼 수 있으니까요. 내가 놓쳤던 부분을 다른 사람의 발제를 통해 보충할 수도 있고요.

학습 방법에 따른 기억률 연구 결과에 따르면 수업 듣기와 읽기

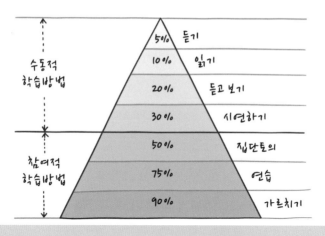

평균 기억률(출처: National Training Laboratories(Bethel, Maine))

같은 수동적인 학습 방법보다 집단 토의와 가르치기와 같은 참여적 학습 방법을 실행했을 때 기억에 더 오래 남는다고 합니다. 그냥 읽었을 때의 평균 기억률은 10퍼센트에 그치지만 가르치기를 하면 90퍼센트까지 올라간다고 해요. 발제는 책 내용을 기억하는 데에도 효과적입니다. 책을 혼자 읽으면 나중에 기억이 잘 나지 않지만, 독서 모임에서 발제를 맡아 발표를 하면 더 잘 기억할 수 있습니다. 발제를 하는 독서 모임에서 가장 큰 수혜자는 발제자입니다.

발제하는 방법

발제를 할 때 꼭 지켜야 하는 규칙이나 자료 형식이 있는 것은 아닙니다. 발제자가 원하는 대로 자유로운 형식과 내용으로 발제를 하면 됩니다. 그래도 발제를 할 때 일반적으로 구성해야 하는 내용과 형식을 알아두면 좋겠죠?

> **발제 내용 구성**
> - 저자의 생애와 작품 세계
> - 책의 내용 요약정리
> - 발제자의 내용 해석과 책 평가
> - 문제 제기(함께 토론할 주제)

발제를 한 사람이 할 수도 있지만, 제가 참여하는 독서 모임에서는 책 한 권을 3~5명이 나눠 발제합니다. 한 사람은 저자에 대해 조사해서 발표하고, 한 사람은 내용을 요약정리하고, 한 사람은 토론 주제를 만드는 방식이죠. 분량이 많은 경우에는 책 내용 요약정리를 여러 사람이 나눠서 하기도 합니다.

발제 자료는 어떤 형태로 만들면 될까요? 가장 일반적인 형태는 한글이나 MS 워드 프로그램을 사용해 문서로 작성하는 것입니다.

이렇게 작성한 발제 자료는 인쇄하여 회원들에게 나눠주고 독서 모임을 진행하는 경우가 많습니다.

요즘에는 빔프로젝터를 많이 사용해 파워포인트나 키노트로 발제 자료를 만드는 분들도 늘고 있습니다. 별도의 발제 자료를 인쇄해서 나눠주지 않고 빔프로젝터 화면을 보며 진행하는 것이죠. 프레젠테이션 형태로 발제 자료를 준비하면 일반 문서 형태를 만들 때보다 시간이 더 오래 걸립니다. 프레젠테이션에는 텍스트가 많이 들어가지 않으니 요약정리도 더 꼼꼼하게 해야 하고, 내용에 맞는 적절한 이미지도 찾아 삽입해야 하니까요. 수고는 많이 들어가지만 청중의 집중도가 높고, 내용 전달 측면에서는 효과가 좋은 방법이라고 생각합니다.

저는 심플 프레젠테이션 형태로 발제를 많이 합니다. 파워포인트 자료를 만들려면 텍스트와 이미지의 크기 조절, 배치 작업에 많은 시간이 들어갑니다. 하지만 'Marp'라는 프로그램을 활용하면 그러한 슬라이드 디자인 작업 없이 텍스트 입력만으로 프레젠테이션 슬라이드를 손쉽게 만들 수 있습니다. 마크다운(markdown)이라는 문서 포맷 언어를 써서 텍스트만 입력하면 프레젠테이션 슬라이드를 만들어줍니다.

프레젠테이션으로 발제를 하고 싶지만 파워포인트 작업 시간이 너무 오래 걸려 힘드셨던 분들은 간편하게 프레젠테이션 슬라이드를 만들어주는 Marp 프로그램을 이용해보세요.

메모 독서를 활용해 발제하는 방법

독서 모임 발제를 할 때 메모 독서를 활용하는 것이 좋습니다. 책을 읽으면서 중요한 내용에 밑줄을 쳐두면 발제 자료를 작성할 때 시간을 절약할 수 있습니다. 독서 노트나 독서 마인드맵을 작성했다면 발제 자료를 만드는 것이 훨씬 쉬워집니다. 독서 노트에 적어둔

성장판 독서모임 @문래

공부의 철학

18/04/25

발제 : 신정철

동조

= 환경의 코드에 자신을 온전히 맞춘 상태

자유로워지기 위해서는 어떻게 해야할까?
동조에서 벗어나야 한다

환경에 속해 있으면서 환경과 거리를 두는 방법을 찾아야 함

그 방법은 바로 '언어'다.

언어가 어떻게 동조에서 벗어날 수 있게 해줄 수 있지?

Marp를 이용한 《공부의 철학》 심플 프레젠테이션 발제

책의 핵심 문장과 질문을 발제 자료로 만들면 되니까요.

저는 발제를 해야 하는 책은 밑줄을 치며 빠르게 한 번 읽고, 밑줄 친 문장 중심으로 다시 읽으며 마인드맵 요약정리를 합니다. 그런 다음 마인드맵으로 요약한 것을 가지고 최종적으로 워드 문서나 프

레젠테이션 슬라이드로 만듭니다. 때에 따라서는 마인드맵 자체로 발제를 하는 경우도 있습니다.

함께 독서 모임을 하는 회원들로부터 발제를 하면서 메모 독서의 힘을 체험했다는 이야기를 많이 듣습니다. 메모 독서를 하면 그냥 눈으로 읽을 때와 비교해서 훨씬 효율적으로 발제를 준비할 수 있습니다. 그 효과를 느낄수록 메모 독서가 습관으로 자리 잡는 것이 빨라집니다.

독서 모임에 가입하면 자원해서 발제를 하겠다고 해보세요. 메모 독서를 하며 책을 읽고 발제를 해보세요. 책을 소화하는 능력이 쑥쑥 자라는 것을 경험할 수 있을 것입니다.

독서 노트를
꾸준히 쓰는 비결

독서 노트를 처음 쓸 때는 의욕이 넘칩니다. 책의 중요도와 상관없이 읽는 책 모두 독서 노트를 쓰려고 하죠. 매일 독서 노트를 쓰겠다고 다짐하고, 책 한 권을 완벽히 독서 노트에 정리하기 전까지는 다음 책으로 넘어가지 못합니다. 독서 노트를 잘 써보겠다는 의욕은 좋습니다. 그런데 지나친 의욕은 독서 노트 쓰기를 포기하게 만드는 원인이 되기도 합니다.

A씨는 책의 중요한 내용을 독서 노트에 완벽하게 옮기려고 했습니다. 조금이라도 중요한 것 같은 문장이 보이면 전부 밑줄을 치고, 그 문장을 하나도 빼놓지 않고 독서 노트에 옮겨 적었죠. 당연히 책 한 권을 독서 노트에 정리하기까지 엄청난 시간이 소요되었습니다.

하루에 서너 시간씩 며칠을 옮겨 적어도 끝이 나지 않았습니다. 이렇게 의욕적으로 독서 노트를 쓰면 금세 지치고 맙니다. A씨는 결국 '역시 독서 노트 쓰기는 나한테 무리였어' 하며 책 한 권도 끝내지 못하고 독서 노트 쓰기를 포기했습니다.

B씨는 매일 독서 노트를 쓰겠다고 다짐했습니다. 처음 일주일은 간신히 매일 독서 노트를 썼습니다. 하지만 그 다음 주에는 회사 일이 바빠 책을 읽지 못한 날이 많았습니다. 책을 읽지 못했으니 독서 노트도 쓰지 못했죠. 주말에는 가족들과 나들이를 다녀오느라 독서 노트를 쓰지 못했습니다. 이렇게 매일 독서 노트를 쓰겠다는 다짐은 실패로 끝이 났습니다. B씨는 자포자기하고 독서 노트를 내팽개쳤습니다.

A씨와 B씨가 독서 노트 습관을 만들지 못한 이유는 무엇일까요? 독서 노트를 너무 열심히 쓰려고 했기 때문입니다. 새로운 습관을 만들려고 할 때 무리하게 목표를 잡으면 실패로 끝나기 쉽습니다. 독서 노트를 꾸준히 쓰고 싶다면 반대로 하면 됩니다. 책을 완벽하게 정리하겠다는 욕심, 매일 쓰겠다는 욕심을 버리세요. 독서 노트를 너무 열심히 쓰려고 하지 마세요. 책의 일부분만 정리해도 됩니다. 아니, 한 문장만 옮겨 적어도 충분합니다.

제가 쓴 독서 노트를 보면 1쪽 분량으로 정리한 책도 있고, 10쪽이 넘게 많은 문장을 옮겨 적은 책도 있습니다. 《미라클 모닝》은 1쪽으로, 《미움받을 용기》는 5쪽으로 정리했습니다. 《행복의 기원》은 나중에 글을 쓸 때 참고하기 위해 장별로 꼼꼼하게 정리해 15쪽을 썼습니다. 독서 노트 분량은 신경 쓸 필요가 없습니다. 독서 노트에 쓰는 분량은 책에 담긴 정보량과 가치에 따라 달라지는 것이지, 무조건 많이 쓴다고 좋은 것이 아니니까요.

> 공부라는 이중생활은 노트를 만들고 유지하는 것에서 시작된다. 공부용 노트란 일상생활과는 별도로 흘러가는 타임라인 그 자체이며, 자신의 새로운 가능성을 생각하기 위한 특별한 장소이다.
>
> —《공부의 철학》, 지바 마사야, 책세상

독서 노트를 매일 쓸 필요도 없습니다. 일주일에 한 번만 써도 충분합니다. 평일 저녁이나 주말에 몇 시간 정도 혼자만의 시간을 가져보세요. 편하게 갈 수 있는 단골 카페가 있으면 더 좋겠죠? 카페에서 1~2시간 동안 그 주에 읽은 책을 다시 펼쳐 읽어가면서 독서 노트를 쓰세요. 정해진 시간이 끝나면 다 정리하지 못했어도 거기에서 끝내세요. 일주일에 1시간만이라도 독서 노트를 쓴다는 것이 중요합니다. 그리고 너무 바빠 한두 달 독서 노트를 쓰지 못했다 해도 자책할 필요 없습니다. 여유가 생겼을 때 다시 독서 노트를 펼치면 됩니다. 아예 그만두지 말고 독서 노트 쓰기를 계속 유지하는 것이 중요합니다. 독서 노트를 쓰는 시간이 차곡차곡 쌓이면 여러분의 삶 속에 메모 독서가 자리 잡을 것입니다.

효과를 보면 습관은
저절로 만들어진다

어떠한 것이 습관으로 자리 잡으려
면 먼저 효과를 느껴야 합니다. 운동을 예로 들어볼까요? 운동을 하
면서 체지방이 줄거나 근육량이 느는 것을 체험해야 운동이 재미있
어지고 꾸준히 할 수 있습니다. 운동의 효과를 느끼지 못하면 계속
하기 힘들죠.

메모 독서도 마찬가지입니다. 메모 독서가 아무리 좋다고 제가 이
야기해봤자 여러분이 직접 효과를 체험하지 못하면 계속할 수 없습
니다. 메모 독서를 습관으로 만들기 위해서는 메모 독서의 효과를
체험할 수 있는 방법을 찾아야 합니다.

저는 운 좋게도 메모 독서의 효과를 빨리 체험했습니다. 독서 노

트를 쓰기 시작하고 석 달 정도 되었을 때 메모 독서의 효과를 보기 시작했거든요. 독서 노트를 쓰고, 마인드맵으로 책의 내용을 정리하다 보니 신기하게도 그 내용을 활용해 글을 쓰게 되더라고요. 《탁월한 아이디어는 어디서 오는가》를 읽고 마인드맵으로 내용을 요약했고, 그것을 바탕으로 '다윈의 노트에서 찾은 창의성의 비밀'이라는 글을 썼습니다. 《아들러 심리학 해설》을 읽고 독서 노트에 적은 내용을 가지고는 '내 안의 열등감과 만나는 방법'이라는 글을 썼죠. 이 글을 블로그에 올리자 반응이 아주 좋았습니다.

메모 독서 때문에 생각을 하며 책을 읽게 되었고, 독서 노트와 마인드맵으로 정리한 것들을 글에 녹여내니 내용이 더욱 좋아졌습니다. 메모 독서를 한 보람을 느끼지 않을 수 없었습니다. 메모 독서의 효과를 체험한 뒤부터 더 열심히 메모 독서를 하게 되었습니다.

저는 글쓰기를 통해 메모 독서의 효과를 체험했습니다. 그 활동은 사람마다 다를 수 있습니다. 각자 하는 일에 따라 기획서 작성이 될 수도 있고, 강의 자료나 유튜브 영상 제작이 될 수도 있을 것입니다. 소개팅에 나가 메모 독서를 통해 기억해둔 문장을 대화에 써먹을 수도 있겠죠. 소개팅 상대에게 책 읽는 사람이라는 좋은 첫인상을 남긴다면 메모 독서의 효과를 체험하는 것 아닐까요? 중요한 것은 메모 독서를 통해 산출물을 만들고, 메모 독서 덕분에 산출물의 품질이 향상되는 것을 확인하는 것입니다.

어떠한 결과로 이어지지 않고 맹목적으로 하는 메모 독서는 오래

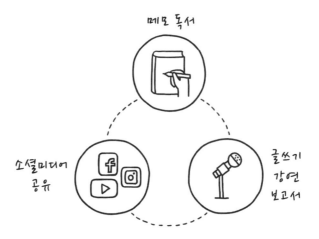

메모 독서

소셜미디어
공유

글쓰기
강연
보고서

갈 수 없습니다. 그 효과를 느낄 수 없으니까요. 메모 독서를 활용하여 산출물을 만들어보세요. 메모 독서를 통해 여러분이 하는 일의 품질이 향상될 때 메모 독서의 가치를 깨달을 수 있습니다.

목표를 가지고 메모 독서를 해보세요.
메모 독서를 통해 산출물을 만드세요.
메모 독서의 선순환을 만들어보세요.

제가 메모 독서를 통해 얻은 최고의 산출물이 무엇인지 생각해보았습니다. 그것은 바로 제 인생이었어요. 독서 노트에 손으로 꾹꾹 눌러 쓴 문장들, 메모 독서를 통해 쓴 글로 제 삶이 변화되었습니다. 메모 독서를 하면서 조금씩 더 나은 사람이 되고 있었죠. 이것이 제가 메모 독서를 그만둘 수 없는 이유입니다. 메모 독서를 통해 얻을 수 있는 최고의 산출물은 여러분의 달라지는 삶입니다.

메모 독서 습관 만들기

1. 독서 습관 목표 세우기

올해의 개인 독서 목표를 적어봅시다. 읽을 책 권수를 목표로 정해도 좋고, 책 읽는 시간을 목표로 정해도 좋습니다. 이때, 너무 무리하게 목표를 잡아서는 안 됩니다. 노력하면 달성 가능한 정도로 목표를 잡아주세요.

- 책 권수를 목표로 정하기(ex. 매주 한 권, 한 달에 두 권, 1년에 50권)
- 책 읽는 시간을 목표로 정하기(ex. 출근하기 전 30분, 점심시간에 30분, 잠들기 전 30분)

2. 독서 목록 만들기

독서 목록을 만들어 여러분의 독서 역사를 기록해봅시다. 독서 목록은 엑셀이나 구글 문서의 스프레드 시트에 작성해도 되고, 독서 노트에 손글씨로 기록해도 됩니다. 디지털로 작성할 경우에는 다음 독서 목록 양식을 다운받아 사용하세요. 제가 만든 양식 그대로 사용해도 되고, 여러분의 입맛에 맞게 수정해서 사용해도 됩니다.

독서 목록 양식

3. 자랑하기

독서 습관을 만들려고 할 때 주변의 관심과 응원을 받으면 큰 도움이 됩니다. 책에 밑줄 친 문장, 독서 노트 사진을 찍어 SNS에 올리세요. 나도 메모 독서를 하는 사람이라고 자랑해봅시다. '#메모독서' 해시태그를 달아 올리면 저를 포함하여 메모 독서를 하는 사람들이 찾아가 뜨겁게 응원해줄 것입니다.

메모 독서는
생각을 만들고,
생각은 삶을 바꾼다

성장이란 자신의 지평을 확장하는 것이다.
밖을 향한 조망과 안을 향한 깊이라는 양편 모두에 있어서
경계의 성장을 의미한다.

–《무경계》, 켄 윌버

나를 소개하는
세 가지 키워드

처음 참석하는 모임에서 여러분은 자신을 어떻게 소개하나요? 자기소개를 하려면 어떤 이야기로 시작할지 막막할 때가 많죠. 자기소개를 쉽게 할 수 있는 방법을 알려드리겠습니다. 바로 세 가지 키워드로 자신을 소개하는 것입니다. 내가 좋아하는 것, 나의 관심사, 현재 하고 있는 일, 나의 가치관 등 어떤 것이든 상관없습니다. 나를 잘 설명할 수 있는 세 가지 키워드를 뽑고, 그 키워드를 중심으로 자기를 소개하는 것입니다.

저는 이 방법으로 자기소개를 자주 하는데, 반응이 아주 좋습니다. 세 가지 키워드만 찾으면 자기소개 내용을 쉽게 만들 수 있고, 서로가 어떤 사람인지 금방 알 수 있거든요. 여러분에게 저를 세 가지 키워드로 소개해보겠습니다.

첫 번째 키워드 '창의'

첫 번째 키워드는 '창의'입니다. 이 키워드는 2013년 2월에 읽은 《탁월한 아이디어는 어디서 오는가》에서 시작되었습니다. 창의성에 관한 책들은 개인의 창의적 능력에 초점을 맞춘 경우가 많은데, 이 책은 어떤 환경에서 창의성이 더 잘 발현되는지를 다루고 있습니다. 창의

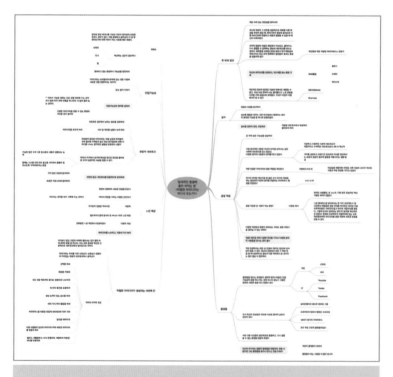

《탁월한 아이디어는 어디서 오는가》마인드맵(자세한 보기는 뒷면 부록 참조)

성에 관심이 많았던 저에게 아주 흥미로운 내용이었죠. 책을 완전히 소화하고 싶어 앞에서와 같이 마인드맵으로 내용을 정리했습니다.

책의 내용을 바탕으로 창의적 아이디어를 얻기 위해 주변 환경을 구성하는 방법을 마인드맵에 정리했고, '창의적인 환경에 둘러싸이는 법'이란 제목을 붙여주었습니다.

- 인접 가능성의 영역을 넓혀라.
- 개인의 동선, 네트워크를 유동적으로 유지하라.
- 아이디어를 적고, 가끔씩 다시 보아라.
- 자신의 아이디어를 오픈하고, 피드백을 받는 환경을 구축하라.
- 실수를 감추지 말고 오픈하라.
- '굴적 적응'을 위해 다양한 취미를 가지고, 다양한 분야의 사람들을 만나라.
- 자신이 추구하는 방향의 플랫폼을 만들어라. 만들 수 없다면 그런 플랫폼을 찾거나 만드는 것을 도와라.

독서 마인드맵을 만들고 '창의적인 환경에 둘러싸이는 법'을 실천에 옮겼습니다. 인접 가능성의 영역을 넓히기 위해 다양한 분야의 책을 읽고, 새로운 경험에 도전했죠. 그리고 평소에 가지 않던 커뮤니티에 참여했습니다. 개인 노트를 꾸준히 쓰고, 가끔씩 다시 살펴보았습니다. 블로그와 SNS에 글을 써 공유하고, 개인이면서 플랫폼처럼 활동하는 사람들을 만나며 제 자신이 플랫폼이 되는 방법을 찾았습니다.

《탁월한 아이디어는 어디서 오는가》를 읽고 작성한 마인드맵은 단지 책의 내용을 저장하는 것에 그치지 않았습니다. 창의성으로 가는 지도가 되어 저를 이끌어주었습니다. 이 독서 마인드맵이 시발점이 되어 그 이후에도 계속해서 창의성에 관심을 갖고 관련 자료를 수집하고 연구했습니다. 그 결과, 《메모 습관의 힘》에 창의성에 관한 글을 담을 수 있었죠. 정성 들여 작성한 독서 마인드맵 하나가 제 삶에 '창의'라는 키워드를 선물해주었습니다.

두 번째 키워드 '성장'

과거의 저는 인정에 대한 욕구가 컸습니다. 현재의 나에 대한 불만족이 항상 있었죠. '좀 더 완벽한 사람이 되면 인정받을 수 있지 않을까' 하는 마음에 성장해야만 한다고 생각했어요. 지금의 나보다 더 나은 내가 되기 위해 전전긍긍했죠. 계속 무언가를 배우고, 새로운 것을 시도하고 거기에 만족을 느꼈어요. 부모님, 학교, 회사에서 인정받고 싶은 욕구가 저를 자기계발로 내몰았습니다.

그러다 2014년 11월에 《통합 비전》을 읽고 켄 윌버를 만났습니다. 그리고 《무경계》를 연달아 읽고 그의 팬이 되고 말았죠. 켄 윌버의 책을 통해 인간의 의식에는 다양한 스펙트럼이 존재한다는 것을 알게 되었습니다. 의식의 스펙트럼은 가장 협소한 자아상인 페르소나 수준에서 시작해 자아 수준, 전유기체 수준을 거쳐 우주와 하나가 되는 합일의식의 수준으로까지 펼쳐집니다.

저는 페르소나와 그림자로 분리된 수준에 머물러 있었습니다. 페르소나는 마음 일부분을 '내가 아닌 것'으로 부정할 때 만들어지는데, 분노, 성적 충동, 적대감. 공격성, 충동 등과 같은 자신의 특정한 성향을 부정하여 협소해진 자아상을 말합니다. 나 자신으로부터 부정당한 성향이나 소망은 사라지지 않습니다. 페르소나 단계에 있는 사람은 자신의 그림자를 외부로 투사하여 타인에게 뒤집어씌우고 적대시하게 됩니다. 가족, 친구, 회사 동료와의 갈등이 알고 보니 제 자신의 그림자를 외부로 투사해서 벌어진 것이었습니다.

켄 윌버와의 만남을 통해 저는 사회에서 필요한 능력을 키우는 외적 성장만이 아니라 내면의 경계를 지우는 내적 성장이 필요하다는 것을 깨달았습니다. 페르소나를 인식하고 그림자를 수용하면서부터 비로소 올바른 성장의 길로 들어설 수 있었습니다.

세 번째 키워드 '연결'

2017년 초에 저는 사내에서 친한 동료들과 작은 독서 모임을 했습니다. 그때 윤지영 씨가 쓴 《오가닉 마케팅》을 읽었는데, 책 속에 이런 문장이 있었습니다.

사용자들이 샤오미의 비즈니스에 '참여'하는 것이 아니다. 그들의 연결 활동을 '도와주기 위해' 비즈니스가 존재하는 것이다. 사회적 연결을 돕

P42. 사용자들이 사와의 비즈니스에 '참여' 하는 것이 아니다. 그들의 연결 활동을 '도와주기 위해' 비즈니스가 존재하는 것이다.

　　독서모임 = 참여자의 연결/성장을 도와줘야 한다.

P45. 사용자가 연결의 주체가 될 수 있도록, 즉 미디어가 될 수 있도록 도와주고 그 과정에서 구축되는 네트워크를 말한다. 비즈니스가 연결을 만드는 미디어로 작동할 때 가능하다.

P47. 사회적 연결을 돕는 주체로서 비즈니스는 진화하고 있다. 미디어로 진화하고 있다.

　　나는 다른 사람의 사회적 연결을 돕고 있는가?

　　└ 독서 모임 open 하라!

《오가닉 마케팅》 독서 노트

는 주체로서 비즈니스는 진화하고 있다. 미디어로 진화하고 있다.

독서 노트에 스스로에게 던지는 질문을 적었습니다.

'나는 다른 사람의 사회적 연결을 돕고 있는가?'

독서 모임 참여자의 연결과 성장을 돕기 위해 누구나 참여할 수 있는 독서 모임으로 오픈해야겠다는 생각이 들었습니다. 그래서 공개 독서 모임을 새롭게 만들고, 책을 통해 함께 성장하는 사람들의 모임을 만들고 싶은 마음에 '성장판'이라는 이름을 붙였습니다. 성장을 위한 '판'을 깔아드린다는 뜻도 있었죠. 성장판은 회원이 고정되어 있지 않습니다. 시간이 될 때 신청해서 참여할 수 있는 자유로운 모임입니다. 오프라인 독서 모임에 나오지 못하는 분들을 위해 온라인 채팅방도 운영하고 있습니다.

10명 남짓의 작은 모임으로 시작해 지금은 단체 채팅방에 400여 명이 참여하고 있고, 서울의 강남과 문래, 대전에서 오프라인 독서 모임을 진행하고 있습니다. 지금은 독서 이외에도 글쓰기, 명상, 그림 그리기 등을 하며 함께 성장하고 있습니다.

'창의, 성장, 연결' 이 세 가지 키워드가 어떻게 제 삶에 등장했는지 살펴보니 메모 독서가 중요한 역할을 했더군요. 물론, 책을 읽은 것만으로 모든 변화가 가능했다고 말할 수는 없을 거예요. 하지만 독서 노트를 쓰고 마인드맵을 만들면서 갖게 된 생각이 변화의 기폭제가 된 것은 분명합니다.

메모 독서는 생각을 만들고, 생각은 삶을 변화시킵니다.

책에서
스승을 만나다

인생을 살면서 내가 가야 할 길을
알려주는 멘토를 만난다는 건 정말 행운이죠. 저는 돌아다니기보다
책 읽기를 좋아해서 그런지 책에서 스승을 만나는 경우가 많습니다.
켄 윌버는 제가 책에서 만난 스승들 중에서도 가장 좋아하는 분이에
요. 켄 윌버 덕분에 저는 성장의 진정한 의미를 알게 되었습니다.

켄 윌버는《무경계》에서 '나'라는 정체성의 본질은 '선 긋기'라고
표현했습니다. '나는 이러저러한 사람이다'라고 말하기 위해서는 반
드시 어떤 작업을 먼저 해야 합니다. 마음속에 있는 내적 경험의 세
계에 일종의 정신적인 선(線)을 긋는 것이죠. 그런 다음 선이 만든 그
경계의 안쪽에 있는 모든 것을 '나(self)'라고 부릅니다. 반면 그 경계

밖에 있는 모든 것은 내가 아닌 것(non-self)으로 느낍니다. 예를 들어 '나는 잘생겼다'라고 생각하는 사람은 잘생김과 못생김 사이에 정신적인 선을 긋고 자신을 '잘생김' 쪽에 분류한 것입니다. '나는 똑똑하다'라고 생각하는 사람은 머리 좋음과 나쁨 사이에 선을 그은 것입니다. '나'라는 사람의 정체성은 전적으로 그 경계선을 어디에 긋느냐에 달려 있습니다.

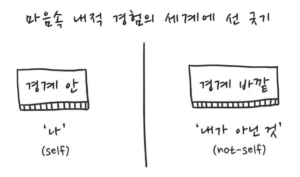

마음속 내적 경험의 세계에 선 긋기

경계 안
'나'
(self)

경계 바깥
'내가 아닌 것'
(not-self)

그런데 이러한 '선 긋기'는 종종 갈등을 일으킵니다. 경계의 안쪽과 자신을 동일시하는 사람이 경계 바깥에 존재하는 것을 적대시하기 때문입니다.

켄 윌버는《무경계》에서 이렇게 언급했습니다.

'경계선'은 잠재적인 '전선'이기도 하다. 하나의 경계선은 두 개의 대립된 영토, 전투 가능성이 있는 두 진영을 만들어낸다. 자신의 영혼에 경계선을 그음과 동시에 영혼의 전쟁터가 만들어진다.

과거 대한민국은 경상도와 전라도 간의 지역감정 문제가 심했습니다. 이는 '나는 경상도 사람', '나는 전라도 사람'이라고 출신 지역을 나누는 선을 긋고, 경계 바깥의 사람들에게 적대적인 태도를 취해 벌어진 문제입니다. '나는 부자이고 능력이 대단한 사람이다'라는 정체성을 가진 사람의 경우는 어떨까요? 돈 없고, 능력 없는 사람을 무시하는 태도를 취하기 쉽습니다. 우리나라 재벌가의 사람들 중 일부가 직원이나 운전기사에게 폭언을 하고 폭력을 행사해서 사회적 물의를 일으킨 경우가 있었습니다. 이러한 일이 발생하는 것은 그들이 돈의 많고 적음을 기준으로 경계를 긋고 사람의 가치를 판단했기 때문입니다.

2018년 대한민국은 제주도 난민 수용 문제로 떠들썩했습니다. 우리나라 사람들의 안전에 위협이 되니 난민을 받아들이면 안 된다는 측과 국제 사회의 일원으로서 인도적인 측면에서 난민을 받아들여야 한다는 측의 주장이 팽팽하게 대립했습니다. 물론 난민 문제는 쉽게 풀 수 없는 문제입니다만, '대한민국 국민', '단일 민족'의 정체성을 가진 사람들과 스스로를 코스모폴리탄(cosmopolitan)이라고 생각하는 사람의 접근 방향은 다를 것입니다. '대한민국 국민'이라는 정체성에만 동일시하는 사람에게 난민 문제는 자신과 상관없는 먼 나라 사람의 문제일 수 있겠지만, 자신을 세계 일원으로 생각하는 사람은 난민 문제가 곧 자신의 문제일 수도 있다고 생각할 테니까요.

사람들마다 가진 서로 다른 경계선 때문에 갈등이 발생합니다. 그런데 다행스러운 사실은 이 경계선이 고정 불변의 것이 아니라는 점입니다. 경계선은 다시 그어질 수 있습니다. 경계 바깥에 존재하는 것을 받아들이면 됩니다. 경계 바깥의 것을 수용할 때 '나'라는 정체성의 경계가 확장됩니다. 인간 정체성의 발달은 크게 3단계로 전개됩니다.

1단계: '몸' 단계(나) – 자기중심적 단계

여기서 몸이란 말 그대로 물질로 이루어진 몸을 말한다. 이 단계에서는 다른 것과 분리되어 있는 육체적인 유기체를 자신과 동일시하며, 육체의 생존을 위해 애쓴다. '나' 또는 '자기' 중심적 단계라고도 한다.

2단계: '마음' 단계(우리) – 민족중심적 단계

자기의 정체성이 다른 사람들과 관계를 맺는 상태로 확장한다. 마음을 사용해서 다른 사람의 역할을 떠맡을 수 있고, 마음을 사용해서 다른 사람의 입장이 되어 그들이 느끼는 것처럼 느끼는 데까지 정체성이 확장된다. 자신의 정체성이 '나'에서 '우리'로 (자기중심적에서 민족중심적으로) 확장되는 단계다.

3단계: '영적' 단계(우리 모두) - 세계중심적 단계

자신의 정체성이 '우리'에서 '우리 모두'로 (민족중심적에서 세계중심적으로) 다시 한 번 확장한다. 여기서는 인간과 문화가 놀라울 정도로 다양하다는 사실뿐만 아니라, 유사성과 공통점도 이해하기 시작한다. 모든 존재의 유익을 구하는 이 단계는 민족중심적인 상태에서 세계중심적인 상태로 발전한 것이며, 영적인 것이 모든 생명체의 공통분모이기 때문에 '영적(spiritual)'인 단계라고 한다.

— 《켄 윌버의 통합 비전》, 켄 윌버, 김영사

1단계 '나'에서 2단계 '우리'로 발달해나갈 때 '나'라는 정체성을 잃는 것이 아닙니다. '나'라는 정체성을 간직한 채 '우리'라는 더 큰 정체성을 갖는 것입니다. 발달은 하나의 단계에서 다른 단계로 교체되는 것이 아니라, 앞 단계를 포함하면서 초월하는, 더 확장된 단계로 변화하며 일어납니다. 인간의 성장은 자아의 경계를 확장하며 자아중심성을 탈피하는 기나긴 여정입니다.

성장이란 기본적으로 자신의 지평(地坪)을 확대하고 확장하는 것을 의미한다. 즉 밖을 향한 조망과 안을 향한 깊이라는 양편 모두에 있어서 경계의 성장을 의미한다.

— 《무경계》, 켄 윌버, 정신세계사

독서, 경계를 확장하는
최고의 방법

성장하기 위해서는 자아의 경계를
확장해야 한다는 것을 확인했습니다. 그렇다면 내가 가진 경계는 어
떻게 확인할 수 있을까요? 경계를 확인하는 가장 쉬운 방법은 현재
'내가 어떤 믿음'을 갖고 있는지 살펴보는 것입니다.

- 나는 운동을 못한다.
- 나는 말하기 능력이 부족하다.
- 나는 글을 못 쓴다.
- 나는 리더십이 부족하다.
- 나는 부자가 되지 못할 것이다.

'나는 어떤 사람이다'라고 생각하는 믿음을 들여다보면 객관적인 근거가 없다는 것을 알 수 있습니다. 이러한 믿음은 우연한 사건, 외부에서 주입된 정보로 인해 무의식적으로 만들어집니다. 그런데 믿음이 한 번 자리 잡으면 스스로를 제약하는 경계로 작용합니다. 이렇게 만들어진 경계는 우리가 성장하는 것을 막습니다.

저는 발표 불안이 아주 심했습니다. 모임 같은 곳에서 질문을 하려고만 해도 심장이 두근거리고 입이 바짝 말랐죠. 일어나서 말을 할 때는 목소리가 떨렸습니다. 사람들이 저의 불안을 눈치 채지 않을까 두렵기도 했습니다. 어쩌다 많은 사람 앞에서 발표를 하게 되면 긴장하여 발음이 꼬였습니다. 발표를 마친 뒤에는 사람들 앞에서 바보가 된 것 같아 자책하곤 했죠. '나는 많은 사람 앞에서 말을 잘하지 못하는 사람이야'라고 생각하며 스스로 믿음을 강화했습니다. 이러한 믿음 때문에 가능하다면 발표하는 자리를 피하려 했습니다.

그런데 심리 치료에 관한 책을 읽으면서 발표 불안은 사회 공포증의 하나로, 치료가 가능한 심리 장애라는 것을 알게 되었습니다. 그 후 의도적으로 발표를 하는 상황에 저를 노출시켰습니다. '실수하면 다른 사람들이 나를 무시할 거야'라는 잘못된 신념을 '실수하면 좀 어때'로 수정했어요. 그렇게 발표하는 상황(경계선 위)에 저 자신을 자꾸 노출하다 보니 조금씩 발표 불안에서 벗어날 수 있었습니다. 2016년에는 〈세바시(세상을 바꾸는 시간, 15분)〉에 나가 600여 명의 청중 앞에서도 떨지 않고 무사히 강연을 마칠 수 있었습니다. '나는 많은 사람 앞에서 말을 잘하지 못하는 사람이야'라는 경계를 지운 것이죠. 심리 치료에 관한 책을 읽지 않았다면 발표 상황에 스스로를 노출할 생각을 하지 못했을 것입니다. 독서 덕분에 저를 제약하던 경계에서 벗어날 수 있었습니다.

'세상에 대한 잘못된 믿음'도 경계로 작용합니다.

- 힘 있는 사람이 지배하는 것은 당연하다.
- 남자가 여자보다 우월하다.
- 백인이 유색 인종보다 우월하다.
- 부자가 가난한 사람보다 우월하다.
- 동성애는 비정상이고 치료 받아야 한다.
- 돈이 유일한 가치 척도다.

이러한 믿음은 나 자신에 관한 것보다 수정하기가 더 어렵습니다. 부유한 환경에 있는 사람은 가난한 사람들에 대한 잘못된 믿음을 바꾸기 어렵고, 남성은 여성에 대한 편견에서 벗어나기 어렵습니다. 반대편의 입장에서 경험할 수 있어야 경계를 인식할 수 있는데, 이러한 믿음 중에는 직접 경험하기 힘든 것이 많기 때문입니다. 남성이 페미니즘을 이해하기 힘든 이유는 여성이 일상적으로 겪는 성차별을 경험할 수 없기 때문이죠.

세상을 바라보는 인식의 경계는 직접 경험으로 발견하기 힘든 경우가 많습니다. 그렇기 때문에 간접 경험을 하게 해주는 책의 도움이 특히 더 필요합니다. 《모두를 위한 페미니즘》, 《82년생 김지영》, 《여성 혐오를 혐오한다》와 같은 책을 읽으면 남성도 여성이 겪는 성차별과 여성 혐오를 조금이나마 이해할 수 있을 테니까요.

경계를 확인하기 위해서는 다양한 환경에 나를 가져다놓아야 합니다. 그런데 개인이 경험할 수 있는 것은 한계가 있고, 직접 경험할 수 없는 것들도 있습니다. 그래서 우리는 책의 도움을 받을 수밖에 없습니다. 독서는 경계를 확장하는 최고의 방법입니다. 우리는 독서를 통해 경계를 인식할 수 있고, 경계 위에 설 수 있고, 경계 바깥으로 넘어갈 수 있습니다. 내 안의 경계를 발견하고, 잘못 그어진 경계를 지우고, 새로운 경계를 그리기 위해 우리는 책을 읽어야 합니다.

적극적인 독서로
독해력이 커진다

브리태니커 백과사전에 따르면 읽기에는 판독(decoding), 독해(comprehension), 해석(interpretation)의 세 가지 기술이 있습니다. 세 가지 기술이 갖는 의미는 다음과 같습니다.

1단계 판독(decoding)

텍스트를 이루는 개개의 어휘의 글자기호를 읽어내는 역량

2단계 독해(comprehension)

주어진 텍스트를 이루고 있는 어휘들의 의미, 학문용어와 비학문용어 구별, 문장의 주부/술부, 문장유형, 문법구조 등을 읽어내고, 결과적으로

주어진 텍스트의 메시지를 읽어내는 역량

3단계 해석(interpretation): 주어진 텍스트의 메시지 및 글쓰기의 문체가 시대적 또는 사회적인 맥락에서 어떠한 특별한 위상과 정체성을 가지는지 읽어내는 역량

한국어를 예로 들면 1단계 판독 기술은 한글로 된 글자를 소리 내어 읽거나 머릿속에서 발음하여 읽어내는 역량을 말합니다. 초등학교 교육을 마치면 한글로 쓰인 문장을 판독하는 역량은 대부분 갖추게 됩니다.

한국인 성인들의 실질적 문해율이 OECD 상위 22개국 중에서 최저 수준이라는 조사 결과가 있는데, 이는 2단계 독해 기술이 부족하기 때문입니다. 한글로 된 글자는 판독하지만, 그 문장의 의미를 제대로 읽어내지 못하는 것입니다.

3단계 해석 기술은 읽기의 최고 단계로 쉽게 갖추기 어려운 역량입니다. 해당 텍스트의 의미뿐만 아니라 지성사적 맥락 안에서 그 텍스트가 어떤 위치에 있고, 어떤 가치를 갖는지까지 파악하여 읽어내야 하니까요. 관련된 주제의 다양한 텍스트를 읽고 소화해야 갖출 수 있는 역량입니다.

슐라미스 파이어스톤이 쓴 책《성의 변증법》의 한 문단을 예로 들어 보겠습니다.

마르크스와 엥겔스는 변증법적이고 유물론적인 분석 방법을 발전시켰다는 점에서 그들의 사회주의 선두주자들을 능가했다. 수세기 안에서 역사를 변증법적으로 보기 위한 첫 번째 것으로 그들은 세계를 과정, 즉 서로 분리할 수 없고 서로 관통하는 대립물들의 작용과 반작용의 자연적 변화로 보았다. 그들은 역사를 스냅사진이 아니라 영화로 인식할 수 있었기 때문에 다른 많은 위대한 사상가들을 함정에 빠뜨렸던 정체된 '형이상학적' 관점을 피하는 시도를 할 수 있었다.

위 글을 판독하는 것은 어렵지 않습니다. 한글 교육을 받은 한국인이라면 한글로 쓰인 문장을 소리 내어 읽는 것은 가능하니까요. 그러나 이 글을 누구나 독해할 수 있는 것은 아닙니다. '변증법', '유물론'과 같은 학문용어들의 의미를 알아야 하고, 번역문 특유의 문장 구조에 익숙해야 하기 때문입니다. 《성의 변증법》이 이야기하고자 하는 메시지를 해석하는 것은 더 어렵습니다. 페미니즘 분야의 다양한 저작을 읽고, 이 책이 페미니즘의 역사에서 어떤 위상과 정체성을 갖는지 읽어내야 하기 때문입니다.

어떤 텍스트를 깊이 읽는다는 것은 단순히 글자를 판독하는 것에서 그치지 않고, 어휘의 정확한 의미 구별과 문장 구조에 관한 이해를 통해 텍스트의 의미를 제대로 독해하고, 시대적 또는 사회적 맥락 속에서 텍스트가 갖는 위상과 가치를 해석하는 단계까지 가는 것을 말합니다.

깊이 읽기의 능력을 단시간에 키우는 방법은 없습니다. 다양한 분야의 책을 꾸준히 읽으면서 독해와 해석 연습을 해보는 수밖에 없습니다. 그런데 눈으로만 읽는 소극적인 독서로는 독해와 해석 역량을 키우기 어렵습니다. 깊이 읽기의 기술을 향상시키기 위해서는 메모 독서법과 같은 적극적인 독서가 필요합니다.

독해 기술 향상을 위한 메모 독서법

책을 읽다가 뜻을 모르는 단어가 나오면 표시를 꼭 하세요. 저는 밑줄을 치거나 물음표 기호로 표시해둡니다. 이때 중요한 문장에 밑줄 칠 때와는 다른 색상을 사용합니다. 저는 모르는 용어가 나오면 파란색으로 밑줄을 쳐두고 물음표 표시를 합니다. 그 다음에 사전을 꼭 찾아보고, 의미를 책의 여백이나 독서 노트에 적어둡니다. 이렇게 해야 나중에 그 단어를 다시 만날 때 텍스트의 의미를 제대로 독해할 수 있습니다. 특히 텍스트 속의 단어가 학문용어인지 아니면 비학문적인 일상단어인지를 구별하는 역량을 길러야 합니다. 문장 안에서 학문용어와 일상단어의 구별을 거듭하여 되풀이하다 보면 개념적인 독해의 역량이 빠른 속도로 자라납니다.

문장이 길고 복잡할 경우에는 주어, 술어, 목적어, 접속사 등에 표시를 하면 문장의 구조를 읽어내기 쉬워집니다. 논리 구조를 파악하기 위해 책 내용을 다이어그램으로 그리거나 마인드맵으로 정리하는 방법도 추천합니다.

독해 기술을 올리는 데에는 독서 노트 쓰기만한 게 없습니다. 잘 읽히지 않는 문장도 독서 노트에 쓰고 반복해서 읽다 보면 어느 순간 이해가 됩니다. 옮겨 적은 문장에 대해 나의 생각을 써보면 텍스트의 맥락 안에서 메시지를 읽어내는 훈련이 됩니다. 책의 내용을 요약해서 독서 노트에 자기 문장으로 써보는 것도 독해 능력을 키우는 데 큰 도움이 됩니다. 독서 마인드맵을 만들면 전체 내용을 한눈에 볼 수 있기 때문에 책에서 말하는 전체 메시지를 읽어낼 수 있습니다.

해석 기술 향상을 위한 메모 독서법

메모 독서를 이용한 해석 연습은 두 단계로 하면 좋습니다. 첫 번째 단계는 텍스트를 나(개인)의 관점에서 해석하는 연습입니다. 독서 노트에 쓴 질문을 바탕으로 현재 내가 궁금해하는 것, 해결하고 싶은 문제를 풀기 위해 글을 쓰는 거예요. 앞에서 소개한 '나를 위한 서평 쓰기'가 이 단계에 해당합니다.

두 번째 단계는 시대적 또는 사회적인 맥락 속에서 텍스트를 해석하는 연습입니다. 이를 위해서는 주제별 독서(syntopical reading)를 해야 합니다. 같은 주제를 다룬 여러 책을 비교·대조하여 읽고 독서 노트와 마인드맵으로 내용 정리를 합니다. 이렇게 정리한 내용을 가지고 독서 모임에서 발제를 하거나 서평을 씁니다. 이때 서평에는 해당 책의 내용뿐만 아니라 그 책이 해당 분야에서 갖는 위치, 지성사적 맥락에서 갖는 가치에 대한 평가를 담습니다. 발표를 하거나 글

을 쓰려면 책에 좀 더 객관적이고 논리적으로 접근해야 하는 만큼
해석 역량을 키우는 데 도움이 됩니다.

메모 독서는
책을 길들이는 것이다

"넌 누구지? 넌 참 예쁘구나."

어린 왕자가 말했다.

"난 여우야."

여우는 말했다.

"이리 와서 나하고 놀자. 난 아주 슬프단다."

어린 왕자가 제안했다.

"난 너하고 놀 수 없어. 나는 길들여져 있지 않거든."

여우가 말했다.

《어린 왕자》에서 가장 유명한 여우와 만나는 장면입니다. 함께 놀자는 어린 왕자의 제안에 여우는 길들여져 있지 않아서 안 된다고 대답하죠. 그리고 여우는 이렇게 말합니다.

"넌 아직은 나에겐 수많은 다른 소년들과 다를 바 없는 한 소년에 지나지 않아. 그래서 난 너를 필요로 하지 않고, 너 역시 마찬가지일 거야. 난 너에게 수많은 다른 여우와 똑같은 여우에 지나지 않아. 하지만 네가 나를 길들인다면 나는 너에겐 이 세상에서 오직 하나밖에 없는 존재가 될 거야."

여우가 우리에게 가르쳐줍니다. 서로가 특별하고 고유한 의미를 갖는 관계를 맺기 위해서는 길들임의 시간이 필요하다고 말이죠.

요즘 사람들은 서로를 길들이는 시간을 가지려고 하지 않습니다. 성공을 위해 더 많은 사람을 만나 인맥을 쌓으려고만 합니다. 시간을 들여 한 사람을 깊이 알려고 하지 않고, 자기가 원하는 것만 얻어내려고 하죠. 인간관계에서 상대방보다 시간을 더 많이 써서 손해 보는 일은 가급적 피하려고 합니다. 사람을 만날 때 자기한테 이익이 되는지를 먼저 따집니다. 이러한 관계 맺기는 책을 대하는 태도에서도 나타납니다.

- 책을 읽는 데 시간을 많이 쓰려고 하지 않는다.
- 책을 더 많이 읽으려고만 한다.
- 책을 깊이 읽지 않는다.
- 책의 요점만 빨리 파악하려고 한다.
- 자신이 하는 일에 도움이 되는 책인지부터 먼저 따진다.

우리가 책과 친구가 되지 못하고 점점 더 멀어지는 이유는 간단합니다. 책을 길들이는 데 시간을 쓰지 않아서죠. 더 빨리, 더 많이 읽으려고만 했기 때문입니다.

메모 독서는 시간이 많이 필요합니다. 하지만 그 시간이 책과의 관계를 변화시킵니다.

- 한 권을 읽는 데 많은 시간을 들인다.
→ 한 사람을 만나는 데 많은 시간을 들인다.

- 책을 더 적게 읽게 된다.
→ 만나는 사람의 수가 줄어든다.

- 책을 깊이 읽게 된다.
→ 더 깊이 있는 만남을 가진다.

- 문장 하나하나에 집중하며 꼼꼼하게 읽는다.

→ 대화를 경청한다.

- 독서 그 자체에서 즐거움을 느낀다.
→ 만남 그 자체에서 즐거움을 느낀다.

메모 독서는 한 사람을 깊이 알기 위해 시간을 충분히 들여 만나는 것과 같습니다. 그 사람과의 만남을 오랫동안 소중히 간직하기 위해 기록을 남기는 것이죠.

책 곳곳에 그은 밑줄, 책의 여백에 흘려 쓴 메모, 책 옆면에 무성하게 삐져나온 플래그, 독서 노트에 손글씨로 정성스럽게 옮겨 적은 문장들…….

길들임의 시간은 흔적을 남깁니다. 이런 흔적들을 통해 우리는 그 책과 친구가 되었다는 것을 알 수 있습니다. 메모 독서를 통해 한 권의 책이 비로소 이 세상에서 오직 하나밖에 없는 존재가 됩니다.

차근차근,
메모 독서가 즐거워지기까지

　　　　　　　　　　이제 이 글만 읽으면 메모 독서의
세계로 떠난 여러분의 첫 번째 여행이 끝이 납니다. 메모 독서의 첫
인상은 어땠나요? 사막에서 오아시스를 만난 것처럼 기뻤나요? 이
런 첫인상을 받은 분들이 많기를 희망합니다.

　메모 독서와의 첫 만남이 부담스럽지는 않았나요? '독서 노트도
쓰고, 마인드맵도 만들고, 글까지 써야 해? 메모 독서, 너무 힘든 거
아냐?' 하고 거부감이 들었을 수도 있습니다. 메모 독서의 다양한 방
법을 소개한 것이 자칫 '메모 독서는 어렵다'라는 인상을 준 것이 아
닌지 걱정이 되기도 합니다.

　제가 이 책에서 소개한 메모 독서법은 크게 네 가지입니다.

'책에 밑줄 치고 메모하기, 독서 노트 쓰기, 독서 마인드맵 만들기, 메모 독서로 글쓰기.'

이 네 가지를 한꺼번에 적용하려고 하면 힘들 수밖에 없습니다. '이 책 활용법'에서 매주 한 가지 방법을 실습해보라고 한 것은 메모 독서의 다양한 방법을 실제로 체험해보라는 것이지 메모 독서를 하기 위해 이 네 가지 방법을 모두 사용해야 한다는 뜻이 아닙니다. 책에 밑줄을 긋고 메모만 해도 훌륭한 메모 독서입니다. 인상 깊은 문장에 밑줄을 치고, 책의 여백에 자신의 생각을 메모하는 것만으로도 독서가 크게 바뀌는 경험을 할 수 있습니다.

독서 노트를 쓰면 좋은 것만은 분명합니다. 독서 노트를 쓰면 확실히 책에서 얻는 게 많고, 기억에 오래 남습니다. 독서 노트를 쓰며 읽은 책은 내 인생의 경전이 됩니다. 그런데 모든 책을 독서 노트를 쓰며 읽을 필요는 없습니다. 웬만한 책은 그냥 밑줄 치고 책에 메모하는 방법만 써도 충분합니다. 읽으면서 '이 책 괜찮네!'라는 생각이 드는 책만 독서 노트에 정리하세요. 저 같은 경우, 한 달에 보통 5~8권 정도를 읽는데, 그중 독서 노트에 정리하는 책은 절반 정도입니다. 어떨 때는 한 달에 한 번 독서 노트를 쓴 적도 있습니다. 마음에 드는 책만 독서 노트를 쓴다는 생각을 가지면 부담감이 덜어질 것입니다. 저는 독서 노트를 쓰는 시간이 즐겁습니다. 독서 노트는 독서를 더 재미있게 만드는 활동이지, 의무적으로 해야 하는 과제가 아닙니다.

독서 마인드맵도 마찬가지입니다. '이 책은 마인드맵으로 정리하는 것이 좋겠다'라는 생각이 드는 책만 마인드맵을 만들면 됩니다. 독서 마인드맵을 만들기 위해 마인드맵 작성 방법을 배워두면 그 밖의 용도로 사용할 수도 있습니다. 메모 독서 때문에 마인드맵을 알게 되었다가 아이디어 발상, 업무 계획, 글쓰기 구상에 더 잘 사용한다는 분들도 많습니다.

글쓰기는 메모 독서를 완성하는 단계입니다. 이 말은 글을 쓰는 것이 쉽지 않다는 의미이기도 합니다. 글을 쓰지 않던 사람에게 글쓰기는 어려울 수밖에 없습니다. 글이 잘 써지지 않는다고 실망하지 마세요. 처음에는 누구나 어려운 법이니까요. 메모 독서를 시작하고 몇 개월 동안은 책에 메모하고, 독서 노트 쓰기만 꾸준히 하세요. 그렇게 3~6개월 정도 지나면 차츰 생각이 수집되고, 그 생각을 연결해서 글을 쓰게 될 것입니다.

메모 독서, 여러분이 원하는 대로 자유롭게 하세요. 하고 싶은 방법부터, 할 수 있는 만큼만 하세요. 한 단계씩 차근차근 올라가면 메모 독서는 어렵지 않습니다. 분명 메모 독서가 즐거워지는 순간이 찾아올 것입니다.

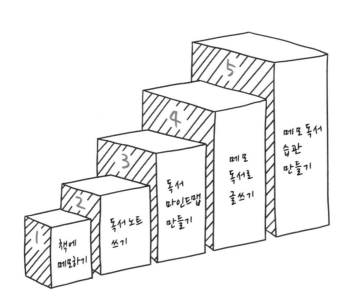

1 책에 메모하기

2 독서 노트 쓰기

3 독서 마인드맵 만들기

4 메모 독서로 글쓰기

5 메모 독서 습관 만들기

메모 독서를 통한 변화 살펴보기

새로운 경험을 일상에 확실히 자리 잡게 만드는 방법이 있습니다. 내가 한 일과 그로 인한 변화를 나의 언어로 서술해보는 것입니다. 7주간의 메모 독서 실천을 통해 달라진 여러분의 삶, 메모 독서가 불러온 변화를 글로 적어보세요.

- 메모 독서를 시작하게 된 계기는 무엇인가.

- 어떻게 메모 독서를 했나.

- 메모 독서로 책 읽기가 어떻게 바뀌었나.

- 메모 독서로 삶에 어떤 변화가 생겼나.

- 앞으로의 다짐은 무엇인가.

위 질문에 대한 여러분의 대답을 글로 써보세요. 그리고 여러분이 즐겨 사용하는 SNS, 블로그에 메모 독서 경험을 올려보세요.

메모 독서의 '즐거운' 부작용

2012년 말에 시작하여 메모 독서를 한 지도 올해로 8년째가 됩니다. 메모 독서법과 만난 후로 저의 독서 생활은 완전히 바뀌었습니다. 긍정적인 변화에 대해서는 앞에서 충분히 이야기했으니 마무리 글인 에필로그에서는 제가 겪은 메모 독서의 부작용을 말해볼까 합니다.

첫 번째 부작용은 책 사는 데 돈이 많이 듭니다. 메모 독서로 책의 효과를 경험하면 그만큼 책이 더 좋아지거든요. 그런데 책에 대한 사랑은 더 많은 책을 사들이는 과소비로 이어지더군요. 좋은 책인 것 같으면 일단 구입하고 보는 거죠. 다이어리에 책 구입한 내역을 적어보니 한 달 용돈의 3분의 1 정도를 책 사는 데 쓰고 있더라고요. 메모 독서를 하면서 읽는 책의 양도 늘었지만, 사들이는 책의 양은 그보다 훨씬 더 늘었습니다. 그 결과 책장은 사놓고 읽지 못한 책들로 넘치고 방바닥에 책 무더기가 하나둘씩 생겨나고 있습니다. 그래도 저와 같은 사람을 위해 《지적 생활의 발견》의 저자 와타나베 쇼이치가 멋있는 말을 남겼네요.

"지적 생활이란 꾸준히 책을 사들이는 삶이라고 할 수 있다."

두 번째 부작용은 문구 덕후가 됩니다. 메모 독서를 즐기다 보면 자연스럽게 필기구, 노트, 북스탠드와 같은 문구류에 관심이 생기거든요. 필기감이 좋은 볼펜과 만년필, 색감이 좋은 형광펜, 종이질이 좋은 노트를 찾아다닙니다. 저는 국내에서 팔지 않는 문구를 사려고 해외 직구까지 하고 있어요. 문구 정보 공유를 위해 단체 채팅방도 만들었는데, 100여 명이 참여하고 있고 정기적으로 오프라인 모임도 열고 있습니다. 메모 독서를 계속하는 한 저의 문구 사랑도 끝나지 않을 것 같네요.

세 번째 부작용은 모르는 게 점점 더 많아집니다. 이전보다 책을 더 많이 읽고, 읽은 책을 더 잘 소화하는데 모르는 것은 더 늘어납니다. 메모 독서로 책을 읽을 때마다 지식의 경계가 확장되면서 새로운 경계와 인접하는 더 광대한 미지의 영역과 맞닥뜨립니다. 메모 독서를 하면 할수록 내가 가진 지식의 범위가 얼마나 협소한지, 내가 모르는 세계가 얼마나 드넓은지 깨달아요. 독서는 무지(無知)의 확장입니다. 메모 독서가 저를 겸손한 독자로 만들었습니다.

메모 독서의 부작용은 여기서 끝나지 않고 지난 한 해 저를 더 힘들게 했습니다. 메모 독서의 효과를 더 많은 분들에게 알리기 위해 이 책을 쓰게 만들었으니까요. 두 번째라고 책 쓰기가 더 쉽지는 않았습니다.《뼛속까지 내려가서 써라》에서 나탈리 골드버그가 말했던 것처럼 글쓰기는 매번 지도 없이 떠나는 새로운 여행이니까요. 글을 쓰는 것 자체도 힘들었지만 글쓰기를 위한 시간 확보는 이번 여행에서도 가장 큰 어려움이었습니다. 남자아이 둘을 키우는 집에서 글을 쓰는 것은 '미션 임파서블'이거든요. 휴일에 밖에 나가서 글을 쓸 수 있게 배려해준 아내에게 이 책을 바칩니다. 책을 다 쓰면 운동도 같이 하고 실컷 놀아주겠다는 아빠의 말을 듣고 잘 기다려준 고마운 우리 아이들, 사랑합니다.

저의 두 번째 책을 기다리고 응원해주신 성장판 독서 모임 회원분들, 메모 독서 실천반 참가자분들, 깊이 읽기의 기술에 관한 글을 쓸 때 도움을 주신 수군작 님, 나이테 독서 모임 회원분들, 지루한 집필 기간에 재밌는 채팅으로 저를 즐겁게 해준 ICO 전문분석방분들께 감사합니다. 그리고 마지막으로《메모 습관의 힘》독자 여러분과 블로그에 서평을 남겨주신 모든 분에게 진심으로 감사드립니다. 여러분 덕분에 이 책이 나올 수 있었습니다.

저는 이 책을 쓰면서 바라는 것이 많지 않습니다. 그저 독자 여러분들이 책을 읽고 나서 독서 노트를 쓰길 바랍니다. 메모 독서법으로 더 많은 분들이 독서의 즐거움을 만끽하길 바라는 마음뿐입니다.

부 록

독서 노트 Q&A 5

Q1 독서 노트를 쓰기 위해 별도의 노트를 준비해야 하나요?

—— 독서 노트를 반드시 별도의 노트에 써야 하는 것은 아닙니다. 기존에 다른 목적으로 쓰던 수첩이나 노트에 독서 메모를 해도 됩니다. 저는 개인 노트 하나에 독서 메모, 세미나 메모, 아이디어 메모, 감사 일기, 글 구상 메모 등 다양한 내용을 모두 쓰고 있어요. 독서 노트를 별도의 노트에 쓴다면 개인 노트와 독서 노트 두 권을 항상 가방에 넣어 가지고 다녀야 하잖아요. 가방도 무거워지고 항상 노트 두 권을 챙겨야 하는 게 불편하지요. 그래서 저는 한 권의 노트에 독서 메모와 다른 종류의 메모를 같이 하는 방식을 쓰고 있습니다.

Q2 독서 노트로 쓰기 좋은 노트 추천해주세요.

—— 독서 노트를 쓰기 위해 특별한 노트가 필요한 것은 아닙니다. 시중에서 구입할 수 있는 어떤 노트를 사용해도 좋습니다. 다만, 노

트를 구입할 때 종이 크기와 재질에는 신경을 써주세요.

독서 노트를 처음 쓰는 분들에게는 A5 사이즈 노트를 추천합니다. A5 사이즈는 일반적인 책의 폭과 비슷해서 책에 인쇄되어 있는 문단 모양 그대로 필사를 할 수 있습니다. 노트 크기가 A5보다 작으면 책 속 한 줄을 노트에 여러 줄로 적어야 해서 원본 책의 문단과 형태가 달라지고, 노트 한쪽에 적을 수 있는 양이 작아 불편합니다. A4 사이즈 이상의 노트는 메모하는 분량이 많거나 여백을 충분히 주면서 메모하고 싶은 분들이 사용하면 좋습니다.

노트의 종이 재질은 필기감과 뒷장 비침에 영향을 줍니다. 매장의 샘플 제품에 여러분이 주로 쓰는 필기구로 시필을 해보고 필기감을 확인한 다음에 구입하세요. 매끄러운 종이에 부드럽게 써지는 필기감을 좋아하는 분도 있고, 거친 종이에 만년필이 사각거리면서 써지는 필기감을 좋아하는 분도 있으니까요. 종이 두께도 중요합니다. 종이가 너무 얇은 경우 앞장에 쓴 글씨가 뒷장에 심하게 비칠 수 있어요. 만년필로 필기하는 것을 좋아하는 분이라면 뒷장 비침의 정도를 반드시 체크해보고 노트를 구입하세요.

Q3 책 한 권을 독서 노트에 다 정리하지 않고 다른 책으로 넘어가도 되나요?

── 독서 생활이 즐거우려면 한 번 시작한 책을 무조건 끝까지 읽어야 한다는 의무감에서 벗어나야 합니다. 읽고 싶은 책을 새로 만

나면 지금 읽고 있던 책을 덮고 그냥 옮겨가면 됩니다. 독서 노트도 마찬가지입니다. 읽은 책을 독서 노트에 다 정리해야만 다른 책으로 넘어갈 수 있다면 독서 노트 쓰기가 의무가 되고 부담스러워집니다. 다른 책이 읽고 싶으면 그냥 옮겨 가고, 독서 노트 정리도 새 책으로 넘어가면 됩니다. 페이스북 타임라인이 내가 언제 무엇을 했는지를 보여준다면, 독서 노트는 내가 언제 어떤 책을 읽었는지 보여주는 독서의 타임라인입니다.

Q4 시나 소설 같은 문학 작품을 읽을 때에도 메모 독서법을 쓸 수 있나요?

── 문학 작품에도 메모 독서법을 쓸 수 있습니다. 문학 작품을 읽으면서 인상 깊은 문장이나, 이야기의 흐름에서 중요한 문장을 노트에 옮겨 적습니다. 마음에 드는 멋진 문장도 옮겨 적습니다. 옮겨 적은 문장을 반복해서 읽으면서 음미하고 나름대로 해석을 해보고 그 내용을 적습니다. 작품을 읽으면서 생겨난 질문을 독서 노트에 적고, 나만의 답을 찾습니다. 작가의 의도가 무엇인지 생각해봅니다. 밑줄 쳤던 문장을 다시 읽으면서 등장인물이 처한 상황, 생각, 감정에 몰입해봅니다. 소설 속 등장인물이 왜 그렇게 행동할 수밖에 없는지 이해하려고 노력합니다. 문학 작품을 눈으로만 읽으면 깊이 이해할 수 없습니다. 책에 밑줄을 치고, 독서 노트에 질문과 생각을 적고, 서평을 쓸 때 문학 작품을 더 깊이 이해할 수 있습니다.

Q5 독서 노트에 생각을 적으라고 하는데, 책을 읽어도 생각이 떠오르지 않습니다.

── 생각이 떠오르는 데에는 문제의식이 중요합니다. 머릿속에 질문이 없으면 책을 읽어도 생각이 잘 떠오르지 않아요. 해결하고 싶은 문제가 있을 때 생각이 떠오릅니다. 책을 읽으면서 이렇게 질문해 보세요.

- 저자가 말하는 핵심은 무엇인가?
- 현재 내 삶에서 해결하고 싶은 문제는 무엇인가?
- 나의 관심사와 연결할 수 있는 내용은 무엇인가?
- 책 내용을 내 삶에 어떻게 적용해볼 수 있을까?
- 책에서 내가 배운 것은 무엇인가?

내가 가진 질문과 책 속의 정보가 만날 때 생각이 만들어집니다. 책을 읽으면서 생각이 떠오르지 않는다고 조급해하지 마세요. 질문을 가지고 꾸준히 책을 읽다 보면 어느 순간 생각이 자연스럽게 떠오르는 때가 올 거예요. 그때까지는 책의 문장을 옮겨 적으면서 잘 소화하는 것만으로도 충분합니다.

독서
노트
예시

독서 노트 쓰기에 정답은 없지만 처음 시작하시는 분들에게 도움을 드리기 위해 독서 노트 사례 몇 가지를 보여 드립니다.

1. 독서 노트에 책의 문장을 옮겨 쓰고, 중요한 부분에 밑줄 치기

독서 노트를 쓰고 나서도 중요한 부분에 밑줄을 치거나 강조 표시를 해주면 좋습니다.

2. 책의 문장을 옮겨 적으면서 떠오르는 생각, 질문을 메모

파란색 볼펜으로 내 생각과 질문을 적어 두면 책의 문장과 구별되어 알아보기 쉽습니다.

15.6.20. 〈유시민의 글쓰기 특강〉

《유시민의 글쓰기 특강》 독서 노트

《행복의 기원》 독서 노트

3. 책을 읽고 나서 할 일을 메모

Action Item으로 '내가 행복을 느끼는 것 목록 만들기'를 메모해 두었네요.

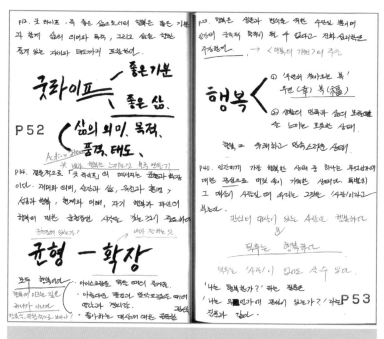

《굿 라이프》 독서 노트

4. 독서 노트에 그림 그리기

독서 노트에 그림을 그리면 눈에 잘 띄고 기억에도 오래 남습니다. 책 표지를 작게 따라 그렸습니다.

《글쓰기의 최전선》독서 노트

5. 마스킹 테이프로 꾸미기

마스킹 테이프를 사용하면 단조로운 독서 노트에 포인트를 줄 수 있습니다.

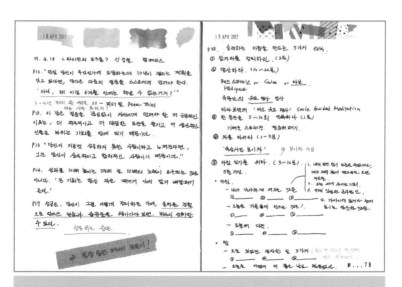

《타이탄의 도구들》독서 노트

독서 노트를 쓰면서 바로 생각이 떠오르지 않으면 여백을 충분히 남겨둡시다. 나중에 독서 노트를 다시 보면서 생각이 떠오르면 그때 메모하면 됩니다.

《인간의 대지》 독서 노트

6. 대출한 책 메모 독서하기

대출한 책에는 밑줄을 칠 수 없으니, 책에 포스트잇을 몇 장 붙여두고 중요한 문장이 나올 때마다 옮겨 적었습니다. 나중에 메모한 포스트잇을 독서 노트에 옮겨 붙이면 됩니다.

《제로 투 원》 독서 노트

7. 성장판 독서 모임 회원 독서 노트

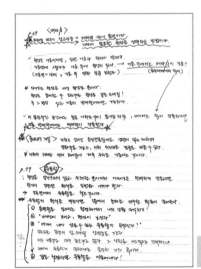

성장판 독서 모임 회원 한아름 님의 독서 노트

< 삶을 변화시키는 감사 메모 >

2018. 10. 23 Tue

<P.19>

성장판 독서 모임 회원 정석헌 님 독서 노트

1. 글 한 편을 마인드맵으로 요약

마인드맵을 처음 접하신 분은 신문 기사나 책 속의 글 한 편만 골라 마인드맵으로 요약하는 연습을 하면 좋습니다.

다음은 《개인주의자 선언》에서 〈행복도 과학이다〉라는 글을 요약한 마인드맵 입니다.

글 한 편이라도 상세하게 정리하면 마인드맵 분량이 꽤 되죠? 이 맵을 좀 더 간략하게 바꾸면 다음과 같이 됩니다.

＊일러두기: 일부 마인드맵 예시는 QR코드를 찍으면 크게 볼 수 있습니다.

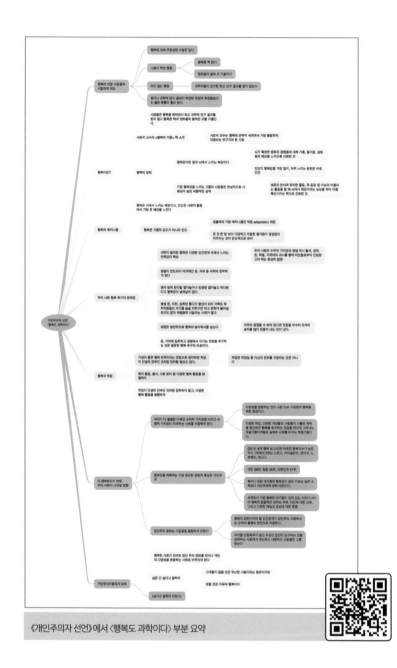

《개인주의자 선언》에서 〈행복도 과학이다〉 부분 요약

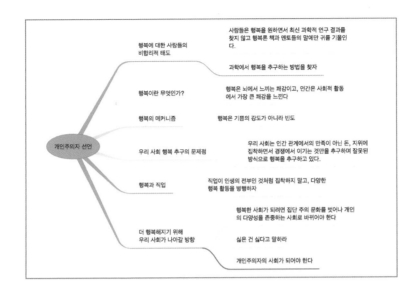

다음은 한겨레신문 사이트에 실린 글쓰기 칼럼 〈'의'와 전쟁을 선포하라〉를 마인드맵으로 요약한 것입니다.

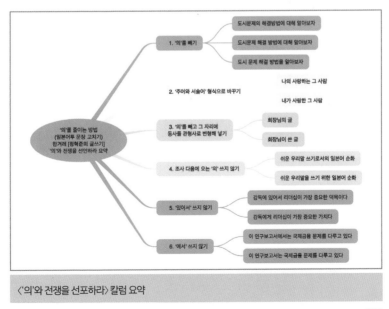

〈'의'와 전쟁을 선포하라〉 칼럼 요약

이렇게 짧은 글 하나를 요약하는 연습을 먼저 해보고 익숙해지면 책을 요약하는 단계로 넘어가시기 바랍니다.

2. 책 일부를 마인드맵으로 요약

독서 마인드맵을 만들 때 반드시 책 전체 내용을 다 요약해서 넣을 필요는 없습니다. 필요한 부분만 골라서 마인드맵으로 정리해도 됩니다. 다음의 예시들처럼 책의 일부 장만 뽑아서 요약해도 좋습니다.

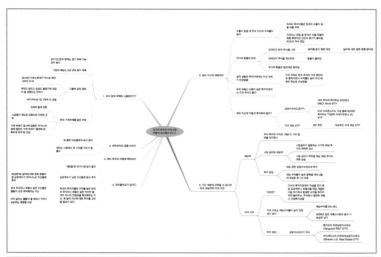

《인구와 투자의 미래》 5장 요약

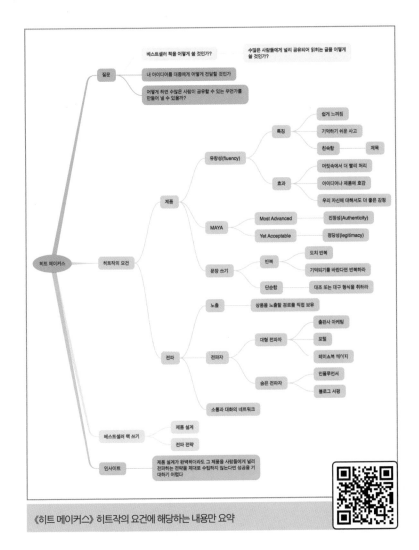

《히트 메이커스》 히트작의 요건에 해당하는 내용만 요약

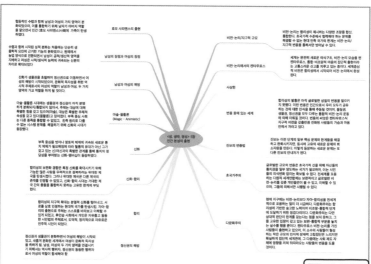

켄 윌버의 책《성, 생태, 영성》의 5장 요약

3. 책 전체를 마인드맵 요약

다음의 예시들은 책 전체의 내용을 요약한 것입니다. 책 한 권 전체를 마인드맵에 정리하다 보면 모니터 화면에 다 보이지 않을 정도로 맵이 커지기도 합니다.

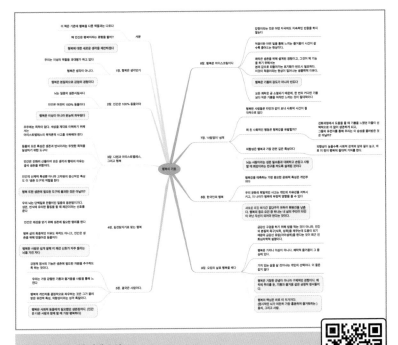

《행복의 기원》 책 전체 요약

《공부의 철학》 책 전체 요약

4. 독서 모임 회원들의 마인드맵 사례

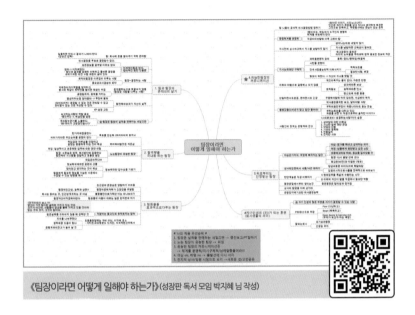

《팀장이라면 어떻게 일해야 하는가》(성장판 독서 모임 박지혜 님 작성)

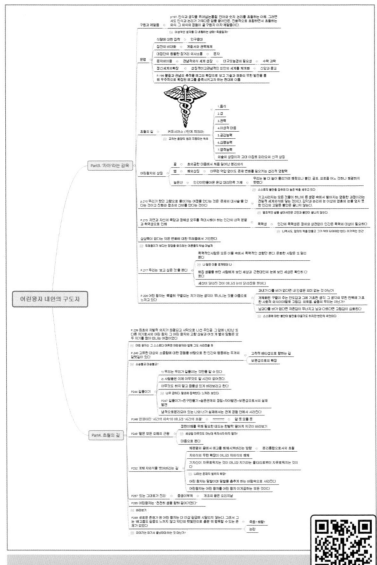

《어린 왕자, 내 안의 구도자》(성장판 독서모임 이영섭 님 작성)

참고 도서

《공부의 철학》, 지바 마사야, 책세상

《구술문화와 문자문화》, 월터 J. 옹, 문예출판사

《그들은 책 어디에 밑줄을 긋는가》, 도이 에이지, 비지니스북스

《기적의 리미널 씽킹》, 데이브 그레이, 비즈페이퍼

《느리게 읽기》, 데이비드 미킥스, 위즈덤하우스

《독서의 기술》, 모티머 J. 애들러, 범우사

《독서의 역사》 알베르토 망겔, 세종서적

《리리딩》, 퍼트리샤 마이어 스팩스. 오브제

《메모 습관의 힘》, 신정철, 토네이도

《무경계》, 켄 윌버, 정신세계사

《뼛속까지 내려가서 써라》, 나탈리 골드버그, 한문화

《생각의 지도 위에서 길을 찾다》, 토니 부잔, 부잔코리아

《서평 글쓰기 특강》, 김민영, 황선애, 북바이북

《서평 쓰는 법》, 이원석, 유유

《어린 왕자, 내 안의 구도자》, 박규현, 수신제

《위로하는 정신》, 슈테판 츠바이크, 안인희 옮김, 유유

《읽지 않은 책에 대해 말하는 법》, 피에르 바야르, 김병욱 옮김, 여름언덕

《책벌레와 메모광》, 정민, 문학동네

《켄 윌버의 통합 비전》, 켄 윌버, 김영사

《탁월한 아이디어는 어디서 오는가》, 스티브 존슨, 한국경제신문사

《텍스트의 포도밭》, 이반 일리치, 현암사

《히트 메이커스》, 데릭 톰슨, 21세기북스

단 한 권을 읽어도 제대로 남는
메모 독서법

초판 1쇄 발행 2019년 3월 15일 **초판 14쇄 발행** 2024년 1월 23일

지은이 신정철
펴낸이 이승현

출판2 본부장 박태근
W&G 팀장 류혜정
디자인 조은덕

펴낸곳 ㈜위즈덤하우스 **출판등록** 2000년 5월 23일 제13-1071호
주소 서울특별시 마포구 양화로 19 합정오피스빌딩 17층
전화 02) 2179-5600 **홈페이지** www.wisdomhouse.co.kr

ⓒ 신정철, 2019

ISBN 979-11-89938-33-8 03320